kailash

SHIRLEY SEUL

DAS LEBEN IST KEINE TO-DO-LISTE

ENDLICH ZEIT FÜR DAS,
WAS WIRKLICH WICHTIG IST –
MIT DER TO-~~DO~~-LISTE
be

kailash

MIX
Papier aus verantwortungsvollen Quellen
FSC® C083411
FSC
www.fsc.org

Verlagsgruppe Random House FSC® N001967
Das für dieses Buch verwendete FSC®-zertifizierte Papier
Lux Cream liefert Stora Enso, Finnland.

2. Auflage
Originalausgabe

Lektorat: Ulrike Strerath-Bolz
Umschlaggestaltung und Layout:
ki 36 Editorial Design, München, Daniela Hofner
Satz: EDV-Fotosatz Huber / Verlagsservice G. Pfeifer, Germering
Druck und Bindung: CPI books GmbH, Leck
Printed in Germany
ISBN 978-3-424-63110-4
www.kailash-verlag.de

INHALT

EINLEITUNG 11

DIE TÜCKE DER LISTE 12
Der Haken an den Häkchen 19
Die Häkchen-Formel 26

Boxenstopp: Schlupflöcher 27

Online = an der Leine 29
Quickies 31
Leerlauf 34

FORMEL 1
Warum unser tolles, aktives,
reiches Leben zuweilen »armseelig« ist 39

ALLES AUF EINMAL? 40
Hauptsache Häkchen.................... 43
Häkchen-Hetze 44
Häkchen in Form...................... 47
Häkchen versenken 48

Boxenstopp: Im Funkloch.................. 50

Nein zu den anderen = Ja zu sich selbst......... 53
Überdosis Genuss 57
Häkchen verpflanzen.................... 58
Wann man ein Hobby an den Haken hängen
sollte.............................. 63
Funkstille........................... 66
Der offene Gullydeckel 68

JE SCHNELLER, DESTO BESSER?.............. 72
Life to go 75
Friendship to go 78
Mehrere Häkchen mit einer Klappe 81
Computerviren........................ 83
Die schnelle Entschleunigung 85

Boxenstopp: Nagelprobe Nadelöhr............ 87

Ruhezonen und Rauchzeichen 90
Gute-Nacht-Häkchen 94
Warten ist eine Blumenwiese 95

AUF DEM LAUFENDEN BLEIBEN? 97
Der zerhackte Spagat 100
Die Häkchenberatung 101

Boxenstopp: Im Schlüsselloch 103

Wegen Inventur geschlossen 109
Gibt es eine Häkchenkrankheit? 111
Häkchen-Einflüsterer 114
Häkchenrausch 116
Die Have-done-Liste 118

FORTSCHRITT, MARSCH, MARSCH? 122
Zahnräder, Zeiträder 127
In einem Land, wo Schweinebraten und Knödel fliegen 133
Wissen ist Ohnmacht 138
Der ganz normale Wahnsinn 139
Das Grauen der Langeweile 143

Boxenstopp: Das Lichtloch am Ende des Tunnels . . 150

Auf dem Seitenstreifen 154
Lebensweisheit 157

INFORMATIONSINFARKT 158
Keine Zeit für die Zeit. 160
Digitale Diät. 165
Gehirn-Diät 171
Seelen-Nahrung. 175

Boxenstopp: Schlaglöcher. 176

VOM PERFEKT ZUM KONFEKT 183
Entscheiden bedeutet Verzichten 187
Wahl, Qual, Käse 191
Die Peitsche Perfektionismus 194
Mit dem Bachelor den Bach runter 197
Body Management. 200

Boxenstopp: Gucklöcher. 203

Häkchenwanderung 207
Perfektionismus für die To-be-Liste:
Das Pareto-Prinzip. 211
Notfalltipps für perfekte Perfektionisten 212
Freisprechen 214

WER NICHT GLÜCKLICH LEBT,
IST SELBER SCHULD 216
Mensch = Macher? 223

Boxenstopp: Mut zur Lücke 226

Mensch = Seiender!. 227

FORMEL 0 231

ES GIBT NUR EIN MUSS: DIE MUSSE 232
Von der Notwendigkeit, Zeit zu verschwenden. . . 237
Der Sesam-Code. 238
Gebrauchsanleitung für Ihre To-be-Liste 241

FORMEL ∞ 247

ZUR INSPIRATION,
ZUM NACH- UND WEITERLESEN 251

EINLEITUNG

DIE TÜCKE DER LISTE

Wenn Sie es eilig haben, können Sie das Erledigt-Häkchen gleich machen. Klappen Sie das Buch zu und haken Sie es ab. *Erledigt*. Wieder was weggeschafft. Egal, worum es geht, ob Sie ein Dutzend Mails beantworten, mit den Kindern spielen, ein Meeting, Vorsorgeuntersuchung, Projektabgabe, Joggen: Hauptsache weg damit, abgehakt.

Weg damit. Wenn Sie das mal laut sagen, hören Sie, wie schnell das geht: Weg. Und dann sagen Sie es doch mal bitte langsam. Weg. Schon sind Sie in einem anderen Seinszustand. Auf dem Weg gibt es keine Zeit zu sparen, weil der Weg die Zeit ist. Ohne Sie gäbe es keine Zeit in Ihrem Leben, die Sie sparen, gewinnen und verschwenden, abhaken könnten. *Ich bin meine Lebenszeit.* Wer zu viel erledigt, erledigt sich womöglich selbst. Und das wissen Sie. Ganz tief drin. Weil Sie eine Sehnsucht in sich tragen.

Zeit für mich. Einfach mal nichts tun. Morgens noch nicht wissen, was ich tagsüber machen werde. Mit den Kindern spielen und wirklich dabei sein. Mich voll und ganz auf meine Arbeit konzentrieren. Kein Smartphone. Eine Viertelstunde in die Wolken schauen. Wandern. Musik hören, nur Musik hören. Mit meinem Freund auf dem Sofa liegen und über dies und jenes quatschen. Keine Mails. Heute nicht schon wissen, was ich in den nächsten drei Wochen mache. Beim Telefonieren zuhören, nicht nebenbei kochen, klicken, kreuzworträtseln. Überhaupt mal da sein, wo ich bin. Durchschnaufen. Mitfühlender sein. Nicht immer diese Enge in der Brust, das Gehetzte. Mal einen Blick für schöne Kleinigkeiten haben. Einen dicken Roman in drei Tagen lesen. Mit dem Hund Gassi gehen, ohne mit Whatsapp rumzuspielen. Das Gefühl haben, dass ich nicht immer hinterherhinke. Und dass das, was ich tue, genug ist. Ein leerer Schreibtisch. Auf der Straße stehen bleiben und mit einem Wildfremden sprechen. Nicht so genervt sein, wenn meine Eltern anrufen. Einkaufen ohne Stress. Zufriedener mit mir sein. Mich nicht aufregen, wenn ich irgendwo warten muss. Öfter lächeln. Das Leben mehr genießen. Schöne Momente, nicht bloß im Urlaub. Insgesamt ruhiger und gelassener sein. Mehr von dem tun, was ich eigentlich will. Mehr ich sein.

Und was würden Sie gern tun beziehungsweise lassen? Geht es Ihnen wie den meisten Deutschen, die vor lauter Hetze nicht zur Ruhe kommen? An allen Ecken und Enden fehlt Zeit, nie ist man mal fertig, kann sich kaum entspannen, immer ist irgendetwas. Das Gefühl, zu wenig Zeit zu haben für das, was man eigentlich tun möchte, ist ein gesellschaftliches Phänomen. Es belastet die Juniormanagerin und den Rentner gleichermaßen, es betrifft alle Schichten und Berufe. Und das liegt an den rasanten Veränderungen, die wir in den letzten Jahrzehnten erlebt haben. Manche nennen sie menschenfeindlich, obwohl sie doch von Menschen gemacht sind. Was zählt, sind Leistung, Tempo, Funktionieren, Optimieren, Profit. So wird die Sehnsucht nach innerer Lebensqualität immer größer. Und deshalb boomt alles, was verspricht, sie zu erfüllen. Katholiken schnuppern bei den Buddhisten, gestandene Handwerker besuchen Yogakurse, und der Bücherstapel zum Thema Entspannung, Gelassenheit, innere Ruhe, Achtsamkeit wächst und wächst. Leider hat man keine Zeit zum Lesen. Aber immerhin, die Lektüre ist schon mal im Haus. Man weiß, dass man was ändern sollte. Aber wie, wo und vor allem: wann? Wie wäre es mit: jetzt. Mit diesem Buch halten Sie die Wegbeschreibung zu einem Hintertürchen in den Händen. Vielleicht ist es sogar ein geheimer Pfad zum Notausgang. Der kostet aber etwas: Bitte schalten Sie Ihr Smartphone/Handy aus. Jetzt. Sollten Sie das lächerlich finden oder denken: »Ich tu nur so, als hätte ich es ausgeschaltet«, oder: »Was hat das damit zu tun, dass ich lese«, fragen Sie sich, wie ernst Sie Ihr Bedürfnis nach mehr Zeit nehmen. Und ob es vielleicht möglich wäre, dass Sie Ihre Freizeit genauso wichtig einschätzen wie ein beliebiges Event, bei dem Sie das Smartphone unaufgefordert ausschalten würden.

Die Suche nach dem Loch in der Hektik hat Konjunktur. Fatalerweise fühlen sich viele Menschen von den zahlreichen Entspannungsangeboten zusätzlich gestresst. Man weiß, dass man dringend etwas gegen den permanenten Stress unternehmen sollte. Aber man hat im Moment eben keine Zeit. Vielleicht im Herbst. Oder lieber nach Weihnachten? Im neuen Jahr wird bestimmt alles besser. Hechelnd – nicht im Feueratem, sondern aus dem Verkehrschaos – stürzen die Zu-spät-Kommer in

die Yogastunde und denken darüber nach, ob sie es noch rechtzeitig zum Supermarkt schaffen und was sie abends kochen sollen. Sogar Unternehmungen, die eigentlich Spaß machen, werden behandelt wie lästige Termine. Ich muss zum Sport, ich muss mit dem Hund raus, ich muss heute Abend blöderweise mit meiner Freundin ins Kino. Man schleppt sich zu privaten Events und würde doch am liebsten auf dem Sofa bleiben. Aber dann hat man ein schlechtes Gewissen, weil man nichts geschafft hat. Und das ist doch kein Leben. Schlafen kann ich, wenn ich tot bin. Man will ja auch mal was Schönes erleben. Wenn bloß erst mal das ganze Zeug abgehakt ist. Wegschaffen. Damit endlich irgendwann alles erledigt ist. Und dann?
Die Erfahrung zeigt, dass neue Punkte auf der To-do-Liste schneller sprießen als Pickel in der Pubertät. Und sie alle müssen abgearbeitet werden. Sonst … Ja, was sonst? Warum ist das eigentlich so? Und wieso glauben wir, wir müssten diesen Wahnsinn mitmachen? Warum meinen wir, wir müssen alles so gut wie möglich, am besten perfekt abliefern und immer mehr? Weshalb sollen wir versuchen, stets auf dem Laufenden zu bleiben, wenn das doch sowieso nicht gelingt? Wieso peitschen wir uns durchs Leben, wenn genug nie zu genügen scheint, da wir immer optimaler und schneller und effizienter werden müssen? Wer verlangt das von uns, wenn nicht wir selbst? Und wer also kann es ändern?

Das gute, das schöne Leben wird nicht an den Häkchen auf der To-do-Liste sichtbar. Es fragt nach der To-be-Liste. Auf der To-be-Liste wird geduzt. Das Sie ist für die To-do-Liste reserviert.

Gibt es jeden Tag einen schönen Moment für dich?
Freust du dich deines Lebens?
Kannst du mit Rückschlägen und Krisen gut umgehen?
Fühlst du dich ausgeglichen und wohl?
Bleibst du gedanklich nicht unangemessen lang an negativen Ereignissen hängen?
Nimmst du dir Zeit, deine Erlebnisse innerlich zu sortieren?
Bist du ein zufriedener Mensch?
Kannst du dir selbst auf die Schulter klopfen und sagen, dass du deine Sache gut machst?
Hast du das Gefühl, du kannst so leben, wie du es möchtest?
Bist du einverstanden mit deiner Figur, deinem Aussehen?
Wenn du mal etwas nicht hundertprozentig hinkriegst, kannst du dir das nachsehen?
Hast du das Gefühl, am richtigen Platz zu stehen in deinem Leben?
Freust du dich auf die Herausforderungen, die vor dir liegen?
Machst du manchmal etwas Ungeplantes?
Kennst du Augenblicke des Innehaltens?
Hast du Spaß daran, auch mal gefordert zu sein?
Könntest du im Funkloch überleben?
Kennst du deine Grenzen?
Hörst du auf dich?
Beschützt du dich vor den Angriffen dieser modernen Zeit?
Bist du stark genug, du selbst zu sein?

Weißt du vielleicht nicht, wer das ist, du selbst? Und hast du Lust, es herauszufinden?
Möchtest du jetzt beginnen mit deiner To-be-Liste?

Wenn Sie möchten, können Sie Ihr Smartphone nun wieder einschalten. Kann es sein, dass Sie zwischendurch vergessen haben, dass Sie für einige Minuten isoliert im Kosmos trieben? Oder haben Sie ständig daran gedacht, wann Sie es einschalten werden? Oder haben Sie es gar nicht ausgeschaltet? Die Antwort auf diese Fragen kann Ihnen etwas über Ihr Verhältnis zu sich selbst verraten. Übrigens gibt es eine zweite und dritte Chance. Ich werde Sie noch öfter bitten, sich auszuklinken. Das Smartphone ist nur ein Symbol, damit Sie erkennen, wie einfach es ist, sich auch im Alltag frei und selbstbestimmt zu klicken. Karabiner aus dem Halsband, Leine los. Einschalten, ausschalten. Es liegt in Ihrer Hand. Niemand zwingt Sie. Sie bestimmen darüber, wie Sie Ihre Zeit verbringen. Sie sind kein Opfer. Ich kenne niemanden, der von einer verpassten SMS Grippe bekam. Von mir aus können Sie also gerne wieder einschalten. So kurz, wie diese »Zwangspause« gedauert hat, können Sie auch die Schlupflöcher besuchen, zu denen ich Sie im Verlauf dieses Buches führen werde: Notausgänge zu sich selbst.

Bei vielen Menschen ist die Verzweiflung, dass sie nie genügen, nie hinterherkommen, so groß, dass sie glauben, sie müssten alles hinschmeißen. Ich kündige, ich

lasse mich scheiden, ich ziehe auf eine einsame Insel. Wer würde es auf einer einsamen Insel aushalten ohne Latte macchiato am Morgen? Und wer besitzt schon eine? Robinson hatte wenigstens Freitag. Viele von uns können mit freien Tagen gar nicht mehr umgehen. Doch allein der Wunsch nach Ruhe und Stille zeigt den hohen Druck, der sich aufgebaut hat. Für Ruhe und Stille braucht man allerdings nicht auf die Insel. Die Insel ist da. Womöglich direkt vor Ihren Augen. Schauen Sie mal genau vor sich. In die Luft. Da ist doch gar keine Wand oder kein Zugabteil oder Fenster. Da ist eine Insel. Grüntürkis das Wasser außenrum. Und am goldsandigen Strand steht Ihr liebster Mensch und winkt Ihnen zu.
Niemand muss alles hinschmeißen, weil er im Moment gestresst ist. Denn alles ist doch gar nicht schlecht. Auch wenn man das zu glauben scheint in Zeiten hoher Belastung. Wichtig ist, dass dies kein Dauerzustand wird. Dass man sich nicht an das hohe Tempo gewöhnt und deshalb nicht mehr »abschalten« kann – das Smartphone, sich selbst, das Gedankenkarussell. Keinesfalls, um danach noch besser zu funktionieren, sondern um mal rechts und links am Fließband des Alltags vorbeizuschauen. Es ist gut möglich, dass Sie nach einer solchen Erquickung tatsächlich besser funktionieren. Aber darum geht es nicht. Und übrigens dauert es auch nicht lange. Wer den Kaffee ohne Milch trinkt, also sehr heiß, braucht länger für eine Tasse als für so manches Häkchen auf der To-be-Liste.
Hier kriegen Sie kein Dopingprogramm, damit Sie noch reibungsloser funktionieren. Hier sollen Sie vielmehr

gestärkt werden, um solche wie die eingangs kursiv gedruckten Wünsche mit Ja beantworten zu können. Ihr Leben wird sich verändern. Sie werden sich entspannter fühlen, zufriedener sein und höchstwahrscheinlich auch fröhlicher. Rundum erleichtert. Denn Sie werden deutlich weniger Ballast mit sich herumschleppen. Häkchen sind nicht nur niedlich. Sie können einen runterziehen. Wenngleich das durchschnittliche Häkchen nicht viel wiegt, in der Summe erreichen die Häkchen ein erhebliches Gewicht. Davon abgesehen sind die To-be-Häkchen deutlich leichter als die To-do-Häkchen, viele nehmen sogar Gewicht weg. Auch deshalb sollten wir lieber Häkchen dort machen, wo das erfüllte Leben bilanziert wird. Auf der To-be-Liste. Sie hängt übrigens aus in dem Zeit-Raum, den Sie mit diesem Buch betreten.

Der Haken an den Häkchen

Die weit verbreitete Häkchenjagd ist ein Angriff auf das schöne Leben. Es ist allgemein bekannt, dass es beim Jagen häufig zu tragischen Unfällen kommt. Auch bei der Jagd nach Häkchen sind schon einige Menschen gestrauchelt. Denn Häkchen stellen uns ein Bein. Kommen so harmlos daher, locken mit Dopamin und Multitasking und haben dann doch einen Haken. Und an diesem Haken hängt die Sorge, das eigene Leben zu verpassen, getrieben von Ansprüchen, denen man nicht zu genügen glaubt, bis man vergisst, warum man irgendwann ins Hamster-, sprich Häkchenrad stieg. Und weil man so schnell unterwegs ist, findet man auch das Schild mit dem Notausgang nicht mehr. Was fatal enden kann, wenn die Rauchsäule eines Burnouts am Horizont aufsteigt. So ein Schwelbrand ist mit einem Wellnesswochenende nicht zu löschen. Und weil man das weiß, möchte man unbedingt insgesamt gelassener werden. Sich nicht immer alles gleich so zu Herzen nehmen und vor allem aufhören, ständig negativ zu denken, sich das, was sein könnte, in düstersten Farben auszumalen. Das Wissen darum, wie wichtig es ist, einen Ausweg zu finden, erhöht den Druck, und so beschleunigen wir das Tempo, mit dem wir in die Sackgasse rasen. Manche werden dann tatsächlich ausgebremst.

Stillstand. Nichts geht mehr. Diese Ruhepause ist nicht schön, weil sie gegen unseren Willen geschieht. Auch im fortwährenden Funktionieren ist es nicht wirklich schön, wenngleich uns das gute Gefühl beflügeln mag, dazuzugehören. Effektiv zu sein, was wegzuschaffen. Ich bin keine Lusche, ich krieg das gebacken. Geht nicht gibt's nicht. Zeit ist Geld. Hier ein Häkchen und dort, und da noch schnell dies erledigt und jenes. Häkchen um der Häkchen willen. Es gibt Hunde, die süchtig nach Apportierspielen sind. Man nennt sie Balljunkies. Ich kenne auch Häkchenjunkies. Als würden sie windsurfen, brettern sie durch ihre To-do-Listen. Sie halten niemals an. Und werden immer kleiner am Horizont. Bis sie irgendwann untergehen und mit neuen Erkenntnissen auftauchen, meistens nach einem Urlaub. Dann sagen sie: Ich mach jetzt alles anders. Ich will nicht mehr so gehetzt sein. Bald steigen sie wieder auf ihre

Bretter, die Gischt spritzt hoch, und alles beginnt von vorne.

Schwungvoll im Häkchenslalom durch eine To-do-Liste zu fetzen kann beflügeln und stolz machen. Aber Häkchen können eben auch abhängig machen, eine Eigendynamik entwickeln. Da zieht ein Häkchen viele andere nach sich. Doch allzu viele haben wir in unserer streng getakteten Zeit, die uns immer mehr Leistung abverlangt, ohnehin nicht zur Verfügung. Ja, ich helf mal aus bei der Buchhaltung im Schwimmverein, und zwei Monate später bin ich allein dafür verantwortlich. Ja, ich kümmere mich um dein Computerproblem. Klar kann ich deine Mülltonne zur Straße vorrollen. Okay, das mach ich jetzt also immer. Ja, ich übernehme den Kunden Schmitt. Und schon bleibt er mir. Ich komme mit zum Zelten. Sag ich drei Monate vorher, weil die Leute so nett sind. Dabei hasse ich Zelten. Drei Monate später will ich das bestimmt nicht. Ja, klar, ich komm mit, ich bin dabei, logisch, kein Problem, ja, das mach ich, das geht schon, das passt, ja freilich, nur her damit, nein, nein, keine Ursache.
Doch. Nämlich die Ursache dafür, dass die Zeit schrumpft, die man für sich hat. Also besser: Erst nachdenken, dann zusagen. Erst ein Häkchen auf der eigenen Liste, bevor man sich auf fremden Listen verhakt. So verwandelt sich manches Nein auf der To-do-Liste flugs in ein Ja auf der To-be-Liste.
Es dauert einen Atemzug: Will ich das wirklich? Will ich dieses Häkchen? Steht es in Einklang mit meinen

Vorstellungen vom guten Leben? Oder gehört es zu denen, die ich machen muss, weil ich sonst in Gefahr gerate, meinen Job, meine Beziehung oder irgendetwas zu gefährden, jemanden zu brüskieren? Brauche ich dieses Häkchen für mein Wohlbefinden, für meine Ziele, oder bin ich bloß gierig auf Häkchenjagd? Und dann lass ich es. Weil ich weiß, dass an solchen Häkchen Widerhaken hängen.
Häkchen können süchtig machen. Wer süchtig ist, steuert sein Leben nicht mehr selbst. Der Autopilot übernimmt, und er ist nicht nur auf Häkchenerlegen programmiert, sondern auch auf Zeitsparen, Immer-schneller-Werden, Immer-mehr-Erledigen und vor allem: Selbstoptimierung. Was klingt wie ein Zauberwort, ist ein Fluch. Es wäre doch schön, wenn wir perfekt wären, wie wir sind. Wenn es nicht ständig irgendetwas zu verbessern gäbe. Wenn wir uns nicht ständig dehnen oder strecken müssten nach einem Ideal – oder schrumpfen und hungern. Wenn wir einfach mal genügen würden. Da fallen doch gleich mal zwei Kilo Häkchenterror ab. Ja! Ich bin so, wie ich bin. Ich stecke in meiner Haut, und die ist nur bis zu einem gewissen Grad dehnbar. Und wenn ich das ignoriere, kann ich logischerweise nicht mehr glücklich sein in meinem Leben, weil es dann ja nicht mehr meins ist.

Dieses Buch möchte auch dazu anstiften, sich zu verweigern. Den Ansprüchen anderer und vor allem solchen, mit denen man es sich selbst schwer macht. Auf der To-be-Liste geht es nämlich nicht um so viele Häk-

chen wie möglich, sondern um die Häkchen an der richtigen Stelle. Dort, wo sie für Sie wichtig sind. *Weil ich lebendig bin, bin ich nicht perfekt.* Oder: *Ich bin perfekt darin, nicht perfekt zu sein.*
Aber warum müssen wir denn plötzlich alle perfekt sein? Liegt das an den Computern, oder ist »Deutschland sucht den Superstar« schuld? Wieso werden die Anforderungen immer höher, und wieso ist es immer schwieriger, einfach nur auf dem Laufenden zu bleiben? Warum ist es so schwer, im Jetzt zu sein, und wie schafft man es, sein Leben zu entstressen? Ist Fortschritt wirklich Fortschritt, und haben wir tatsächlich ein Recht auf ein gutes oder gar glückliches Leben? Wie baut man sich ein Floß, um in der Informationsflut nicht unterzugehen, und was verpasst man, wenn man nicht immer up to date ist? Ist Zeitnot eine moderne Mangelerkrankung und ansteckend? Wie sieht die Prophylaxe aus? Solchen Fragen geht dieses Buch ebenfalls auf den Grund.

Viele Menschen fühlen sich zumindest manchmal wie Automaten, die nur noch funktionieren. So haben sie sich ihr Leben nicht vorgestellt. Wohin sind ihre Wünsche und Sehnsüchte verschwunden – und können sie reanimiert werden? Ein Häkchen ins Herz und dann ein milder Stromstoß? Aber wann? Seltsam, dass die Zeit immer knapper zu werden scheint, obwohl wir doch ständig und überall Zeit sparen mit technischen Hilfsmitteln und uns optimieren und die To-do-Listen immer ausgefeilter werden. *Also: Beschwer dich nicht. Du hast es gut. Es gibt so viele Leute, denen geht es viel*

schlechter als dir. Du musst dich einfach nur besser organisieren. Und Zeit sparen.
Das war noch nie so leicht wie heute. Früher dauerte die Wäsche einen ganzen Tag. Kochendes Wasser, Zuber, einweichen, rühren, schlagen, bürsten, kneten, klarspülen, wringen, hängen. Heute Waschmaschine. Überhaupt der ganze Haushalt. Kein Problem. Läuft nebenbei mit Spülmaschine, Staubsaugerroboter und den anderen stromsparenden Helfern.
Beschwer dich nicht. Sei dankbar. Los jetzt!
Auch die Entspannungstipps werden immer anstrengender. Sei gelassen. Sei wesentlich. Sei achtsam. Atme. Mach Yoga. Mach mal nichts. Bleib locker. Halt die Balance zwischen Work und Life. Geht's auch auf Deutsch? Mach einen Business-Englischkurs. Sprachen lernen ist gut fürs Gehirn. Iss gesund. Beweg dich. Denk positiv. Man ist schon ganz erschlagen von all den Ratschlägen. Das Problem ist: Es ist von allem zu viel. Es kostet Zeit, zwischen dreißig Erdbeerjoghurts und fünfzig Telefonanbietern den richtigen zu finden. Man will keine Fehler machen. Und das stresst zusätzlich, denn es gilt immer nur für heute. Morgen ändern sich die Tarife. Morgen weiß man, dass rechtsdrehend ungesund ist. Und nicht nur die Joghurts vermehren sich inflationär. Auch das Wissen, die Informationen, die uns zugänglich sind. Wir sollen immer auf dem Laufenden bleiben. Und dabei verlaufen wir uns, heute links herum, morgen rechts herum. Das Gehirn unterscheidet nicht zwischen wichtig und unwichtig. Es will sein Häkchen, es will sein Leckerli. Blöd ist bloß, dass man immer mehr Häkchen braucht,

um sich wirklich gut zu fühlen. Es muss immer mehr reingepackt werden in die Lebenszeit. Ich will alles bis zur Neige. Bloß nichts verpassen! Jede Chance muss genutzt werden, sonst hat man sein Leben nicht genossen. Es wird einem ja auch immer mehr angeboten. Da muss man schon mithalten, und vor lauter Festhalten vergisst man das Loslassen und schleppt immer mehr mit sich rum. Die To-do-Liste wird länger und länger. Bei manchen steht als letzter Punkt TDM: To-do-Liste für morgen. Der Druck, so viel wie möglich mitzunehmen, zu erleben, führt dazu, dass wir nur noch abhaken, aber eben genau das nicht machen, was wir wollen: intensiv erleben. Denn nur, was man intensiv erlebt, bleibt auch erhalten. Häkchen um der Häkchen willen sammeln kann sich bei der großen Bilanz zum Schluss als Hackebeil offenbaren. Wenn man sich die Frage stellt: Habe ich mein Leben so gelebt, wie ich es mir vorgestellt habe? Habe ich die Dinge getan, die ich tun wollte?
Nö, Petrus. Ich hab mein Leben abgehakt. Und jetzt?
Du hast wohl gehofft, so viel wie möglich hineinzupacken in dein Leben, weil du geglaubt hast, du hättest nur eines?
Ja, genau. Ich dachte, ich nehm mit, was geht.
Und das hast du ja auch getan, wie mir ein Blick in deine Akte zeigt.
Ja, aber jetzt merke ich, dass es das Falsche war. Was also soll ich machen, Petrus?
Alles zu seiner Zeit, mein Freund. Ich muss mich jetzt erst mal um das Wetter kümmern.
Aber es ist doch mein Leben!

Dann kümmere dich mal drum.
Geht das denn jetzt noch?
Wenn nicht jetzt, wann dann?

Die Häkchen-Formel

Das moderne Leben erinnert an die Formel 1. Es ist laut, es werden viele Ressourcen verschwendet, Hightech dominiert die Medien, es kommt auf jede Hundertstelsekunde an, allein die Leistung zählt. Wer bremst, verliert. Ach ja. Es wird im Kreis gefahren. Total spirituell irgendwie. Der Kreis.
Nein. Es wird eben nicht im Kreis gefahren, sondern in steilen Kurven. Besser wäre tatsächlich die Formel 0, der Kreis. Denn nur über die Formel 0, den Leerlauf, kommen wir über die Formel 8sam zur Formel ∞, dem Ziel dieses Buches. Klar dürfen Sie dann auch ein paar Häkchen machen. Sie werden

- entspannter und gelassener sein,
- sich vollständiger fühlen,
- in Herzenskontakt mit anderen Menschen sein,
- Zeit für die Dinge haben, die Ihnen wichtig sind,
- manches nicht mehr so eng sehen,
- das Leben insgesamt als bunter und reicher empfinden,
- dankbar sein,
- kurz: Sie werden mehr Sie selbst sein.

Am Ende unseres Daseins stellen wir fest, ob wir gelebt haben oder schwarzgefahren sind, als blinde Passagiere in einem Leben unterwegs waren, das uns gar nicht entsprach. Nichts gewesen außer Häkchen an der falschen Stelle? Das muss sich ändern – das wird sich ändern!

BOXENSTOPP: SCHLUPFLÖCHER

Ich war vielleicht acht Jahre alt, saß auf meiner Schaukel im Garten und starrte ein paar Löcher in die Luft. Manche waren rosarot wie meine Kaugummiblasen.
»Was machst du da?«, fragte meine Mutter.
Ich konnte es nicht benennen. Aber es war schön und irgendwie auch wichtig, das spürte ich genau.
»Hör auf rumzuträumen.«
Aber ich hatte doch gar nicht geträumt. Ich war einfach nur in diesem Sommertag gewesen. Auf meiner Schaukel.
»Mach dich nützlich und hilf mir«, sagte meine Mutter, die nicht wusste, wie wichtig Löcher in der Luft sind, was mittlerweile von Hirnforschern bestätigt wurde. Denn wenn wir nicht konkret und konzentriert mit etwas beschäftigt sind, sondern einfach nur vor uns hin schauen, nutzt das stets fleißige Gehirn diese Zeit, um aufzuräumen. So wie es auch Eltern tun, wenn die Kinder bei Freunden sind. Kinder lassen ihre Spielsachen rumliegen, das Gehirn seine Gedanken, die man zwischendurch in die passenden Areale und Regale räumen sollte, wenn man nicht irgendwann in einen Blackout

stürzen will. Der wiederum nichts anderes ist als ein Loch, wenn auch ein schwarzes.
So sprang ich also von der Schaukel und pflückte Himbeeren. Brocken, nannte meine Oma diese Tätigkeit. Jede Himbeere sah anders aus. An manchen ringelten sich kleine weiße Maden. Ob die Würmer wohl glauben, dass so eine Himbeere die ganze Welt ist, überlegte ich. Und wie das so wäre als Himbeermade, was ja fast schon klang wie Himbeermarmelade. Bestimmt gelangte so manche Made in die Marmelade. Ich schaute ein Loch in die Himbeersträucher, ohne mich an den Stacheln zu verletzen. Bis meine Mutter mich erneut ermahnte, ich sollte schneller machen. So brockte ich schneller. So schnell, dass ich keinen einzigen Wurm mehr erkennen konnte und die Himbeerwelt unterging. Als Schriftstellerin habe ich sie zum Glück nie ganz verloren, doch zuweilen geriet ich in Gefahr, meine Mitgliedschaft einzubüßen. Ich verlor den Schlüssel, der Sesam öffnete sich nicht mehr. Codes, PINs und Passwörter beeindrucken ihn nicht. Leuten, die stets ihre Ziele im Blick behalten, straff organisiert und eng getaktet durch ihr Leben rattern, wird kein Einlass gewährt. Was wirklich schade ist, da diejenigen, die mal eine Weile hinter den Sesam geblickt haben, oft sogar den größten Erfolg für sich verbuchen, wenn man Erfolg so bemisst, wie Bob Dylan es macht: »Ein Mensch ist erfolgreich, wenn er zwischen Aufstehen und Schlafengehen das tut, was ihm gefällt.«

»Starr nicht dauernd ins Nichts«, sagte meine Lehrerin und ermahnte mich, meine Zeit nicht zu vertrödeln. So lernte ich wie alle anderen auch, dass man Zeit nicht ist, sondern hat und sie verlieren kann. Wie einen Turnbeutel beispielsweise. Je älter ich wurde, desto mehr Zeit konnte ich verlieren. Meine Jahre schienen Löcher in den Monaten zu haben, die Zeit wurde immer knapper, hin und wieder verlor ich sogar ganze Tage. Und das war nicht nur bei mir so. Das kannten alle, was keiner verstand, da wir doch dank der technischen Helfer so viel mehr Zeit haben könnten. Das Gegenteil ist der Fall. Die Schnelligkeit der Computer scheint uns anzutreiben, selbst fixer zu werden. Nicht der Computer gleicht sich dem Menschen an, der Mensch gleicht sich der Taktung der Computer an. Für mich ging es ganz gemütlich Anfang der 1990er-Jahre los, mit einem Pentium I, der 100 MHz schnell war. Heute sind wir bei 4 x 3,6 GHz/sec im Anwenderbereich, mit 4 CPUs auf einer Platine (Intel i7). Und das beschreibt keine Supercomputer, sondern Geräte für Privathaushalte. Computer haben es besser als Menschen: Sie verfügen über einen Stand-by-Modus. Wenn sie abgestürzt sind, werden sie wieder hochgefahren. Menschen, die abstürzen, bleiben oft erst mal liegen. Sie haben sich zu selten in den Stand-by-Modus geklickt. Ja, mehr braucht es dazu nicht. Vielos beginnt mit einem Klick. Bitte schalten Sie Ihr Smartphone aus.

Online = an der Leine

Viele Menschen denken bei Konditionierung als Erstes an die Hunde des Verhaltensforschers Iwan Pawlow, der für seine Arbeit 1904 den Nobelpreis erhielt. Wenn

Pawlow seine Hunde fütterte, ließ er eine Glocke ertönen. Nach einiger Zeit führte allein der Klang der Glocke – ohne Futtergabe – bei den Hunden zur Produktion von Verdauungssäften im Magen und Speichelfluss. Die Hunde waren somit auf den Klang der Glocke konditioniert. Pawlow nannte das einen bedingten Reflex, der angelernt ist und einen bestimmten Reiz erfordert. Unser Gehirn verbindet Dinge, die zeitlich und räumlich nah beieinanderliegen, automatisch miteinander.

Wenn wir das Smartphone ausschalten und im Anschluss etwas tun, was uns entspannt, fahren wir irgendwann nicht nur das Handy runter, sondern auch uns selbst. Das Handy ist im Moment nur ein Hilfsmittel, eine Krücke für den Anfang. Sie können sich auch bewusst in einen bestimmten Zustand versetzen. Sehr oft werden wir durch äußere Einflüsse verführt – und merken das gar nicht. Wer zufällig das Lied im Radio hört, bei dem er sich verliebte, wird ein Lächeln kaum unterdrücken können. Und es sind nicht nur Geräusche, die unsere Emotionen und Reaktionen beeinflussen. Auch Bilder, Berührungen und vor allem Gerüche. Aus einem Fenster zieht eine Fahne Glück. Es riecht nach Schusterleim, genauso, wie es bei der Oma im Hinterhof immer gerochen hat, wo der Herr Stauder seine Werkstatt hatte. Und wer weiß, hat die Oma gesagt, vielleicht gibt es dort auch einen Pumuckl. Man bleibt stehen, schnuppert, hält vielleicht sogar die Nase in die Luft, um so viel wie möglich von diesem Duft in sich aufzusaugen, der einen verzückt und in eine längst vergangene Zeit führt. Weitere Erinnerungen stellen sich ein. Wie die Oma mit ihrer mehlbestäubten Schürze am Herd stand und behauptete, der Pumuckl habe ihr die Hefe geklaut. Wie sie mit ihren krummen Fingern den Teig zurechtschlug. Andere Passanten mögen den Leim nicht einmal wahrnehmen. Der Mensch, bei dem durch diesen Geruch eine schöne Erinnerung aufscheint, geht vielleicht beschwingter weiter. Es waren nur wenige Sekunden, dennoch haben sie seinen Tag geprägt. Die Oma. Lang nicht mehr an sie gedacht … Und jetzt taucht sie aus dem Nichts auf und zeigt diesem Menschen ein Schlupfloch. Vielleicht war er gerade unterwegs zu einem Termin oder in Gedanken mit etwas ganz anderem beschäftigt. Und er ist trotzdem stehen geblieben und hat einen Fetzen Zeit aus dem Tag gerissen, der nur ihm gehört. Erinnerung ist Heimat. Erinnerung ist, wo ich bin. Und deshalb bin ich immer Erinnerung, immer verwurzelt. Es hätte genauso gut passieren können, dass er weitergelaufen wäre. An wie vielen anderen Reizen, die nicht so stark sind, ist er bereits vorbeigelaufen? Die Frage ist: Sind wir auf Empfang eingestellt? Können wir überhaupt wahrnehmen, was um uns herum geschieht? Erkennen wir all die kleinen und großen Fluchten in die Freiheit? Oder sind wir an der Leine, online, der 24/7-Provider für andere?

Quickies

Die herausragende Eigenschaft von Geistesblitzen liegt in ihrer Unmittelbarkeit und Schnelligkeit. Aus dem Nichts tauchen sie auf, alles wird hell, und weg sind sie.

Danach ist manchmal alles anders. Genauso kann uns eine einzige Wahrnehmung den Tag versüßen. Ein Lächeln, ein Innehalten, und sei es noch so kurz. Wir müssen nicht stundenlang meditieren, um uns mit unserer eigenen Wenigkeit oder dem höheren Selbst oder wie auch immer man es nennen möchte, zu verbinden. Denn das, wohin wir wollen, was uns ausmacht, ist ja da. Wir haben es immer dabei. Die Frage ist, ob uns das bewusst ist. Sind Sie online zu sich selbst, haben Sie eine Verbindung zu Ihren Bedürfnissen, Wünschen? Oder existiert diese Leitung nur für die Bedürfnisse anderer, die Pflichten, all das, was eben getan werden muss? Sodass Sie, was Ihre eigenen Favoriten betrifft, ständig offline leben. *On* für die anderen, *off* für sich selbst. Und das wissen Sie, aber Sie haben im Moment keine Zeit, etwas zu verändern, weil Sie glauben, das würde zu viel Zeit kosten. Dabei ist On-Off mit einem Schalter zu bedienen. Ein Drücken, ein Klicken, und Sie sind drinnen oder draußen. Quickies sind wie Geistesblitze. Man ist irgendwo, plötzlich wedelt die Leimfahne, oder eine Idee steigt aus dem Inneren auf. Und dann schaut man in die Ferne, nach vorne, ins Nichts. Und die Idee nimmt Gestalt an.

Es geht aber auch anders herum: Man kann auch zuerst ein Loch in die Luft schauen und dann gespannt sein, was sich dort materialisiert. Das mit dem lieben Menschen auf der Insel vorhin war ein Trick. Ich habe Ihnen ein Bild vorgegeben. Viel interessanter sind jene Erscheinungen, die einfach so entstehen in den Löchern aus der Luft, Boten aus Ihrer Seele. Aber womöglich ist die winkende Person ja mit einem Boot auf der Insel gestrandet.

Jedes meiner Bücher, und es sind mittlerweile über siebzig, ist aus einem Loch im Nichts gewachsen. Ich habe sie alle mehr oder weniger aus der Luft gestarrt, nicht nur aus Löchern. Auch aus den Mantelrücken Mitreisender in der S-Bahn, Kaffeetassen, Tischplatten, Grünstreifen, Zeilenzwischenräumen, Laub. Einige entpuppten sich als Pfade, manche führten zu Pforten. Alle waren sie in gewisser Weise Schlupflöcher. So ist das eben heute. Will man dem Wahnsinn entkommen, muss man durch das Hintertürchen raus. Davon gibt es viele, überall, auch in Ihrem Leben, wenn Sie eine einzige Eigenschaft am Sesam vorweisen können: den Mut zur Lücke. Sie müssen sich nicht wiegen oder verbiegen, nicht bewusst atmen, bis Ihnen schwindlig wird, und ständig daran denken, dass Sie nichts denken sollen. Sie müssen nicht mal netter zu Ihren Nachbarn sein, weil wir doch alle Brüder und Schwestern sind, und können Ihrem Partner getrost das kleinere Steak auf den Teller legen. Und Sie müssen nicht still sitzen. Hauptsache, Sie vergessen, was Ihnen die einschlägigen Zeitmanagement-, Erfolgs-, Karriere-, Selbstoptimierungstipps vorschlagen. Wie man den Tag gestalte, das müsse Hand und Fuß haben. Effizienz ist die Perle des Zeitmanagements. Das andere Wort heißt Effektivität. Viele Leute verwechseln die beiden Begriffe. Man hat einfach keine Zeit anzuhalten und mal nachzuschlagen in der Formel 1. Sonst rasen einem die anderen davon. Also Vollgas und ein Abo auf der linken Spur, alles überholen, auch wenn man sich dabei von sich selbst entfernt. Die Hochleistungsmotoren der Formel 1 schaffen fünfzehntausend Umdrehungen pro Minute. Dagegen ist ein Schleudergang in der Waschmaschine sanftes Fruchtwasserschwappen.

Leerlauf

Jeder Motor hat eine Leistungskurve. Sie beginnt mit der Leerlaufdrehzahl. Im Leerlauf sind alle Funktionen verfügbar. Wenn wir im Auto sitzen und Gas geben, beschleunigen sich die Umdrehungen des Motors bis zu seiner optimalen Drehzahl. Die ist bei jedem Modell anders. Gefährlich wird es, wenn der Drehzahlmesser in den roten Bereich gelangt. Im Auto kann man das am Armaturenbrett ablesen. Im eigenen Leben merkt man es oft zu spät. Immer geradeaus fahren, rasen, das Ziel im Blick. Noch mehr Gas. *Schnell mal anhalten.* Was besorgen. Weiter. Rechts und links Häuser, Menschen, Bäume, alles nur verwischte Gebilde. Eine rote Ampel. So ein Mist! Fluchen. Muss die Olle ausgerechnet jetzt auf die Fußgängerampel drücken, wo ich es eilig habe? Die kann doch auch ohne Ampel über die Straße! Ist so eine lange Rotphase normal? Die reinste Schikane!
Unseren Autos verlangen wir weniger ab als uns selbst. Das Motorsteuergerät unterbindet nämlich jede weitere Beschleunigung, sobald die individuelle Abregeldrehzahl des Fahrzeugmodells erreicht ist.
Die Ampel ist noch immer rot. Da vorne steht einer an der Ecke und beißt in eine Semmel. Steht einfach da

und schaut und kaut. Hat der nichts zu tun? Was ist da drauf? Leberkäs? Hab ich schon lang nicht mehr gegessen. Bestimmt zwei Jahre. Am liebsten mit süßem Senf. Viel süßer Senf. Der Mann da sieht so aus, als würde er die Semmel genießen. Als hätte er alle Zeit der Welt für diese Semmel. Leberkäs ist total ungesund. Fleisch essen soll man eigentlich überhaupt nicht. Wobei Leberkäs ja wahrscheinlich gar kein Fleisch ist.

Ja, hup du nur! Ich fahr schon los. Ich biege um eine Ecke. Und da ist die Metzgerei. Ich nehme den Fuß vom Gas und lasse mein Auto in dieses Loch rollen. Ich parke.

»Eine Leberkässemmel bitte«, sage ich kurz darauf. »Mit viel süßem Senf.«

Als ich die Metzgerei verlasse, beginnt es zu regnen. Mit der Semmel setze ich mich ins Auto. Ich esse selten im Auto, mag keine Krümel auf dem Sitz. Ich schaue durchs Fenster, beobachte Regentropfen auf ihren schlingernden Pfaden die Frontscheibe entlang. Betätige den Scheibenwischer. Er quietscht nicht mehr, er singt. Und die Leberkässemmel schmeckt süß und weich und sehr, sehr ungesund. Ich grinse beim Kauen. Das kneift in den Backen. Ich könnte laut lachen, aber ich weiß, dass ich danach wahrscheinlich heulen würde. Weil es doch so einfach ist und ich es schon wieder vergessen hatte. Ich fühle mich wie eine Diebin. Als hätte ich was gestohlen. Aber ich kann mir selbst ja wohl keine Zeit stehlen. Als ich fertig gegessen habe, öffne ich ein Fenster, strecke meine Hände durch den Spalt und lasse sie sauber regnen. Dann fahre ich weiter. Die stets Pünktliche kommt elf Minuten zu spät. Das Grinsen kneift mir noch immer in die Backen. Mein Meeting endet erfolgreich. Auf der Heimfahrt entdecke ich im Rückspiegel einen Senfrest zwischen meinen Zähnen. Den haben die beim Meeting bestimmt auch gesehen. Ich schäme mich nur kurz. Was soll's? Ich bin zu spät gekommen und war nicht makellos, und trotzdem oder vielleicht gerade deswegen lief alles bestens.

»Wie war dein Tag?«, fragt mein Mann am Abend.

»Wunderbar«, sage ich, während eine Leberkässemmel durch das Zimmer schwebt, sich träge dreht und mir, das würde ich beschwören, zuzwinkert, ehe sie in einem Schlupfloch in der Luft verschwindet.

Und nun das Ganze noch mal für Vegetarier oder was auch immer Sie sein mögen. Wann sind Sie zum letzten Mal ausgebüchst, und sei es für zwei Minuten? Hat es wehgetan? So was könnte man doch öfter wagen, oder? Vor allem, weil Sie ja im Grunde genommen ständig ausbüchsen. Nämlich vor sich selbst, indem Sie andere und anderes online und sich selbst und Ihre Vorstellungen von Ihrem guten Leben offline schalten. Dieses Buch führt Sie in einen Zeit-Raum, von dessen Existenz Sie vielleicht noch nichts wissen. Aber es gibt ihn – wie die Seele, von der auch niemand genau weiß, wo sie sitzt. Dennoch ist unstrittig, dass sie da ist. Womöglich genau in diesem Zeit-Raum? Hier ticken die Uhren, die es nicht gibt, anders. Unterm Strich steht keine Summe in Euro, sondern eine an Lebensqualität. Die Aktivitäten werden nicht auf Profit überprüft, sondern auf Zufriedenheit, Lebensfreude: Was bringt es mir für mein Lebensgefühl, wenn ich dies und jenes tue? Das ist der neue Maßstab, so sieht das Häkchen auf der To-be-Liste aus, die Sie finden, sobald Sie ausbrechen. Womöglich reiten Sie auch mal auf einer Leberkässemmel in den Sonnenuntergang. Im Folgenden habe ich für Sie einige Löcher in den Alltag gerissen, durch die Sie entkommen können. Im Kapitel Formel 0 am Ende dieses Buches erfahren Sie, wie Sie selbst solche Schlupflöcher herstellen, um dann durch ein himmelblaues Schlüsselloch anzukommen in der Formel ∞. Und dort bekommen Sie natürlich auch eine Gebrauchsanleitung – für Ihre eigene To-be-Liste.

FORMEL 1

WARUM UNSER TOLLES, AKTIVES, REICHES LEBEN ZUWEILEN »ARMSEELIG« IST

ALLES AUF EINMAL?

Wenn man glaubt, dass man wiedergeboren wird oder ins Paradies kommt, kann man seine irdische Existenz relativ gelassen betrachten. Sollte es nicht optimal laufen, wetzt man diese Scharte bei der nächsten Reinkarnation aus, und im Paradies spielt das dann sicher keine Rolle mehr. Den Bankdirektor fragt auch niemand nach seiner Abiturnote. Im Paradies sind die bestimmt gnädig. Das gehört zu deren CI. Wenn man erst mal drin ist, kräht kein Hahn mehr danach, dass man seinen kleinen Bruder so oft geärgert hat, und das war ja nur die Spitze des Sündenbergs. Und vielleicht ist es gar nicht so schwer, ins Paradies zu kommen, denn die christlichen Werte bauen auf Liebe und Verzeihen, da drücken die schon mal beide Augen zu.

Wenn man allerdings davon ausgeht, dass dieses Leben die einzige Chance ist, dass es nur dieses eine Leben gibt, dann muss dieses eine Leben ausgequetscht werden bis zum letzten Tropfen. Mitnehmen, was geht. Auch wenn man sich insgeheim wünscht, dass das nicht alles gewesen sein soll, sicher ist es nicht. Deshalb muss man so schnell wie möglich so viel wie möglich rausholen. Abenteuer, Anerkennung, Besitz, Erfolg, Erkenntnis, Freude, Geld, Lachen, Liebe, Luxus, Menschen, Prestige, Ruhm – je nachdem, was einem erstrebenswert erscheint. Gerade auch in der Freizeit. Sollte man sich früher in der Freizeit vor allem von der Arbeit erholen, fängt bei vielen Leuten heute der Stress in der

Freizeit erst richtig an. Was da in ein Wochenende gepackt wird, verspricht eigentlich nur eins: Raserei. Aber, das soll nicht verschwiegen werden, es fallen auch viele Häkchen dabei ab. Ich habe in vier Läden eingekauft, den Wagen gewaschen, das Beet geharkt, war schnell zum Kaffee bei Muttern, habe Geburtstagsgeschenke gekauft, ein paar »Gefällt mir« bei Facebook verteilt und die Fotos von letzter Woche archiviert und gepostet, habe die Schuhe zurückgeschickt, mit dem Chor geprobt, einen Kuchen gebacken sowie ein neues Rezept ausprobiert, war im Sport plus Sauna, bei einem Konzert und habe mit zwei Freundinnen telefoniert und und ... ach ja. Sex gehabt. Häkchensex sozusagen. Einmal in der Woche sollte es schon sein, sonst fällt man als Paar unter den Durchschnitt von 1,3 Mal pro Woche, und das darf nicht passieren.
Ständig unter Druck zu leben bedeutet Stress. Chronischer Stress kann sogar das Gehirn dauerhaft in Mitleidenschaft ziehen, er schadet auch der Gesundheit, sodass man dann womöglich doch unter den Durchschnitt fällt, weil der Ofen aus ist.

So schnell wie möglich so viel wie möglich rausholen kann in einer Havarie enden. Ein Werftbesitzer vom Starnberger See erzählte mir von früher, als die Leute ihre Segelboote noch geschätzt und gehegt haben. »Da sind sie morgens an den See gekommen und rausgesegelt, und abends sind sie wieder in den Hafen heimgekehrt. Heute kommen sie vielleicht einmal im Monat. Und dann oft auch nur kurz. Viele rufen vorher an und wollen, dass wir ihre Boote startklar machen, damit sie gleich auslaufen können. Früher hat das Klarieren mit dazugehört. Mit dem Anschlagen des Segels und allen anderen Vorbereitungen stimmt man sich doch ein. Heute will jeder immer nur noch das Sahnehäubchen. Aber das ist ungesund und wird auf die Dauer auch langweilig. Deswegen muss ständig was Neues her. Die Leute haben keine Zeit in ihrer Freizeit. Weil sie ja auch noch mountainbiken müssen und wandern und Gleitschirm fliegen und Rennrad- und Motorrad fahren und so weiter.«

Was für ein reiches Leben in diesem fetten Oberbayern mit den üppigen Holzbalkonen voller Geranien. Die Menschen müssten strahlen bis zu den Ohren, ohne Unterlass. Seltsamerweise tun sie das nicht. Sie sind total gestresst, am Wochenende manchmal noch mehr als unter der Woche. Denn am Wochenende müssen sie sich ja dafür entschädigen, dass sie werktags auf ihre Vergnügungen verzichtet haben. Sind wir nicht deshalb überhaupt da? Um Spaß zu haben, maximalen Spaß. Aber geht die Rechnung auf? Je mehr Häkchen, desto mehr Spaß? Zumal man, was Häkchen betrifft, immer im Soll ist. Das fette Habenkonto ist bei Häkchen wie Euro eher selten. Immer bleiben ein paar Punkte offen und vermehren sich, dass die berüchtigten Karnickel nur staunen könnten. Darüber hinaus führt einseitige Häkchenjagd auch zu Ärger mit dem Partner, der Partnerin, die auf ihrer Liste womöglich andere Häkchen abzuarbeiten gedenkt. Angeblich nimmt sich jemand zu viel Freizeit raus und erledigt zu wenig Pflichten. Von wegen! Als wäre eine Fahrradtour ein Vergnügen! Und so bleibt einiges auf der Strecke, auf der es gesucht, leider aber nicht gefunden wird.

Hauptsache Häkchen

Ich wohne auch in Oberbayern. In der Nähe meines Hauses befindet sich eine beliebte Fahrradroute für Rennradfahrer. Überwiegend Männer ab vierzig zischen in bunten Klamotten vorbei. Am Wochenende rasen sie durch die fruchtbare Gegend, hundert, zweihundert Kilometer haben sie abends in den Beinen. Und wirklich nur in den Beinen. Ich habe mich mit einigen unterhalten über die Jahre, wenn sie mal einen Platten oder Muskelkrampf hatten. Denn freiwillig halten die ja nicht an. Sie haben nicht gesehen, wo sie gefahren sind, sie haben auf den Asphalt geschaut. Sie haben ihr Training gemacht, sie haben immer nach vorne geblickt. Sie haben funktioniert und Häkchen getreten. Wer fragt da nach schön? Das muss eben runtergerissen werden. So wie andere ins Fitnessstudio gehen oder in die Atemtherapie, zur Massage, zum Schwimmen, zu einer Party. Das ist das Fatale an den Häkchen: Sie übernehmen die Macht, besonders, wenn sie von der To-do-Liste stammen, was man an ihrem Tempo merkt. Bei manchen erinnern die Häkchen an kleine Tomahawks, kein Wunder, das sind die Krieger, die immer Aktiven, ihre Farbe ist rot, damit man sie auch nicht übersieht, Häkchen an die Macht.

Und so erobern immer mehr Häkchen, die eigentlich auf die To-be-Liste gehören, die To-do-Liste. Diese Häkchenwanderung hat große Teile unserer Gesellschaft unterlaufen. Es klingt ja auch logisch: Je mehr, desto besser. Aber dafür ist der Mensch nicht gebaut. Ab einer bestimmten Füllmenge prallen die Erlebnisse und Eindrücke nur noch ab. Es kommt zum Verarbeitungsstau, der setzt sich fort bis in die tiefsten Schichten, Wahrnehmungsstau, Gefühlsstau. Da, wo es drauf ankommt, kommt nichts an. Kein positives Event in Sachen Lebendigkeit. Leider abgeperlt, abgeprallt. *Alle unsere Mitarbeiter sind im Moment im Kundengespräch. Bitte versuchen Sie es zu einem späteren Zeitpunkt noch einmal.*

Häkchen-Hetze

Fragt man mal im Freundes- und Bekanntenkreis herum, merkt man schnell, dass Freizeit vielerlei bedeuten kann. Es gibt Leute, die freuen sich sogar, weil sie dann endlich das arbeiten können, was sie eigentlich arbeiten wollen. Künstler zum Beispiel, die einem Brotberuf nachgehen. Es gibt berufstätige Väter und Mütter, die keine Häkchen, sondern drei Kreuze machen, wenn die Freizeit endlich vorbei ist und sie wieder ins Büro dürfen. Auch wer seine Berufung zum Beruf gemacht hat, empfindet häufig keinen Unterschied zwischen Frei- und Arbeitszeit.

Eigentlich bedeutet Freizeit, dass diese Zeit frei von Verpflichtungen ist, man sie selbstbestimmt nutzen kann. Doch heutzutage ist die freie Zeit häufig eben nicht frei von Verpflichtungen, sondern vollgestopft bis zum Äußersten mit der Hetze nach Häkchen. Insofern ist die

Freizeit fremdbestimmt wie die Arbeitszeit. Mit einem Unterschied: Wer hat denn die Freizeit so vollgestopft, wenn nicht wir selbst? Zumindest haben wir es ein Stück weit zugelassen, dass andere sie verplanten. Es gibt nicht nur die Verpflichtungen im Job, sondern auch die in der Familie, Nachbarschaft, die Aufrechterhaltung des sozialen Lebens, die Beweisführung, glücklich, sportlich, gesund zu sein, und, und, und. So bleibt immer weniger Zeit für das, was man eigentlich mal wollte. Es gibt zu viele Möglichkeiten, zu viele Lockmittel, man will sich nicht abhängen lassen, mitmachen, dabei sein, und das überall und gleichzeitig. Alles haben wollen, und das am besten sofort. Es ist wie bei einer Treibjagd. Die Häkchen sollen einem vor die Flinte laufen, man muss so viele wie möglich erlegen, um sich gut zu fühlen. Man schafft viel zu viel auf einmal in dem Wunsch, die Freizeit möglichst intensiv zu nutzen, was dazu führt, dass sie wie Arbeit empfunden wird. Die Freizeit wird abgearbeitet.

Ja, es gibt auch im Privatleben Sachzwänge. Doch viele Menschen haben es zugelassen, dass ihnen die Sachzwänge die Freizeit rauben. Oder sie betrachten ihr ganzes Leben als Pflicht. Irgendwann ist alles, egal ob privater oder beruflicher Termin, nur noch eine Last. Dann steigt Rauch auf am Horizont der Deadline!

Wenn Sie sich mehr Zeit für Ihre eigenen Bedürfnisse wünschen, müssen Sie herausfinden, was Sie ändern können. Nehmen Sie ein Blatt Papier zur Hand, ziehen Sie zwei Spalten. In die eine Spalte schreiben Sie, was

Sie glauben, nicht ändern zu können, in die andere schreiben Sie, was Sie ändern könnten, also theoretisch. Oft liegen hier ein paar Häkchen begraben. Denn Sie können alles ändern, wirklich alles. Das wissen Sie spätestens seit Ihrem Bandscheibenvorfall, dem Autounfall, dem Schneefall. Lauter Fälle. Der Alltag ist umgefallen. Nichts funktioniert mehr. Solche Katastrophen passieren in jedem Leben. Man kann sich nicht vorstellen, wie man das schaffen soll. Aber dann schafft man es doch. Manchmal sogar mit Gewinn. Besser ist es, vorher etwas zu ändern, denn man muss ja nicht alle Erfahrungen machen, die man machen könnte.

Und wenn man mal wieder dran denkt, was man alles zu tun hat, erleichtert man sich das Leben ungemein, wenn man sich all diese Erledigungen nicht als riesigen Berg vorstellt. Ich muss noch hundert Sachen machen, ein Riesenklops! Formen Sie kleine, leicht verdauliche Grießnockerl. Versuchen Sie sich vorzustellen, dass Sie diese nacheinander auslegen. Von einem zum anderen. Zwischen den Grießnockerln ist immer ein Zwischenraum. Da können Sie was Schönes machen. So nehmen Sie den Druck raus, der sich aufbaut, wenn wir alles auf einmal viel zu dicht an uns heranlassen. Wir sehen dann keine einzelnen Aufgaben mehr, die wir gut bewältigen können, sondern einen Berg voller Anforderungen, spüren die Enge auf der Brust, kriegen fast keine Luft mehr. Schauen Sie genau hin! Das sind doch alles bloß Grießnockerl. Größere und kleinere und ganz kleine. Und manche schmecken vielleicht sogar richtig gut. Das kennt man doch: Wenn man unter Zeitdruck ist, kann man nicht genießen. Auch die schönste Tätigkeit der Welt büßt unter Druck an Reiz ein.

Häkchen in Form

Wir leben in einer Zeit, in der die Verpackung oft mehr hermacht als der Inhalt. Die Form dominiert. Verpackungen werden größer, der Inhalt schrumpft. Ich gehe zum Sport und gebe mir ein Häkchen dafür, dass ich beim Sport war. Ich habe vergessen, mein Training zu genießen. Eigentlich habe ich gar nichts gespürt. Hauptsache erledigt. Auch Muskelbrennen kann schön sein. Ich hingegen habe mich darauf konzentriert, den inneren Schweinehund zu besiegen. Ich schreibe einen neuen Artikel für meinen Blog, ich mache ein Häkchen in einem Kästchen in Wordpress und später eins auf meiner To-do-Liste und versäume es, mich über die witzigen Ideen in dem neuen Artikel zu freuen. Hauptsache, die Form ist erfüllt. Ich telefoniere mit jemandem und gebe mir ein Häkchen, weil ich mal wieder angerufen habe. Den Inhalt des Gesprächs habe ich vergessen, ich habe auch nicht richtig zugehört, weil ich nebenbei whatsappte. Das ist genauso blöd, wie es klingt und geschrieben aussieht. Ich bin an der Form hängen geblieben. Und das ist nicht nur ein Formfehler, eine Unhöflichkeit meinen Mitmenschen gegenüber. Es zeigt auch, dass ich selbst nicht in Form bin, einmal abgesehen davon, dass ich selbst nicht so behandelt werden möchte, wie ich andere behandle, wenn ich ihnen nicht richtig zuhöre, sondern eine private Begegnung als Formsache abhake.

Viele Aktivitäten des täglichen Lebens sind zu reinen Formsachen geworden. Man achtet nur auf die Form, die Verpackung, die man aufreißen und entsorgen muss, um ein Häkchen zu bekommen. So gehen der Inhalt und der Geschmack verloren.

Häkchen versenken

Es läuft prima für Ihre Familie, die sich darauf verlässt, dass irgendjemand einkauft und die Wäsche macht. Es läuft prima für Ihre Kollegen, die darauf bauen, dass jemand die Bestellungen für mittags einsammelt. Und es läuft auch prima für die Leute im Verein, weil Sie irgendwann vor hundert Jahren mal Ja gesagt haben, als Sie gefragt wurden, ob Sie die Buchhaltung übernehmen würden. Aber wie gesagt, das war vor hundert Jahren, und damals hatten Sie noch nicht mit Italienisch angefangen und waren auch noch nicht selbstständig und keine Mutter eines Zwillingspärchens. Es läuft auch prima für Ihre Nachbarn, die sich darauf verlassen können, dass Sie sich um Garten und Haus kümmern, wenn das reisefreudige Seniorenpaar mal wieder in Asien, Amerika, Afrika unterwegs ist. Und natürlich läuft es prima für Ihren Mann, für den sowieso. Und so kann es passieren, dass die Hauptrolle in Ihrem eigenen Leben zu kurz kommt. Was ist das für ein Leben, in dem man selbst als Nebendarsteller agiert? Auch wenn einem die anderen einen Oscar verleihen für die beste Nebendarstellerin als Mama, Ehefrau, Schwiegersohn, Koch, Abteilungsleiter, Sportskamerad.

Wenn Sie die Buchhaltung im Verein gerne übernehmen, spricht überhaupt nichts dagegen. Doch wenn Sie das abhaken, weil Sie sie schon immer gemacht haben und nicht wissen, wie Sie sich aus diesem Konto wieder ausbuchen … dann hacken Sie Ihr eigenes System.

Aber ich kann die doch nicht im Stich lassen.

Ach, tatsächlich?

Und sich selbst? Können Sie sich selbst so einfach im Stich lassen?

Und jetzt denken Sie bitte mal an etwas, was Sie sich wünschen, wobei Ihnen das Herz aufgeht, was auch immer es ist. Ob auf dem Sofa lümmeln oder im Keller unter Neonlicht Modellflugzeuge zusammenbauen, ob lesen, wandern, tanzen, nähen, werkeln, fernsehen, ein Ehrenamt übernehmen, egal, was es ist. Schreiben Sie das auf. Schwarz auf weiß, damit es mehr ist als bloß ein flüchtiger Gedanke – dann hat es mehr Gewicht.

Ob es wohl gelingen könnte, für diesen Wunsch die eine oder andere unliebsame Angelegenheit zu streichen? Für Ihre eigene Zufriedenheit? So wie es keine Geldesel gibt, wird Ihnen auch niemand einen Zeitscheck schenken. Außer Sie selbst. Sie haben es in der Hand, wie hoch der Zeitbetrag sein soll. Stellen Sie sich vor, es vergeht ein Jahr. Glauben Sie, dann kräht noch jemand danach, dass Sie den Verein nicht mehr unterstützen und die Blumen Ihrer Nachbarn nicht gießen? Und Sie wissen ja gar nicht, wie viel Positives Sie damit angestoßen haben, dass Sie sich selbst den Rücken gestärkt haben. Es könnte doch sein, dass der Verein längst ganz andere Pläne hat, mit denen man Sie nicht brüskieren wollte. Und die Nachbarn könnten endlich dazu stehen, dass sie am liebsten daheimbleiben. Alles ist offen. Wenn Sie jetzt nicht durch die Maschen schlüpfen, wann dann?

BOXENSTOPP: IM FUNKLOCH

Funklöcher werden immer seltener. Ich kenne mich damit aus, ich wohne in einem. Manche Besucher zücken ihre Smartphones, um das zu überprüfen. Alle sind sie sicher, dass ihr Gerät stark ist. Manche Smartphones können unterm Zwetschenbaum tatsächlich SMS empfangen, aber das verrate ich nicht. Ich werde öfter mal ausgelacht. So als wäre das Funkloch meine Schuld. Oder gefragt, warum ich nicht umziehe. Man setzt voraus, dass man immer online sein muss, in die Welt hinaus. Und gleichzeitig setzt niemand mehr voraus, dass man auch online in sich selbst hinein sein könnte.
Jetzt mal ehrlich: Leben Sie mit sich selbst manchmal im Funkloch? Hören Sie zuweilen leise Signale, die Sie am liebsten gar nicht hören wollen, weil sie den reibungslosen Ablauf stören? Oder tutet es schon recht laut von unten herauf, und Sie stecken sich Stöpsel in die Ohren? Die Hälfte der Bevölkerung scheint lediglich verkabelt überlebensfähig. Aber sicher gibt es auch welche, die stöpseln sich ins eigene Netz ein. Gehören Sie dazu?

Was funkt denn da?
SOS. Dreimal kurz, dreimal lang. Ich bin's.
Kennen wir uns?
Ich bin du.
Das kann jeder behaupten.
Ich bin es wirklich, du hast es nur vergessen.
Ist lange her, dass wir Kontakt miteinander hatten.
Tatsächlich.
Ja, es war …

Ja … Wann war es? Wissen Sie es noch? Ein Moment, in dem Sie ganz bei sich waren. Was ja so klingt, als wäre man verrückt. Aber wer ist schon noch bei sich heute, wo das Bei-sich-Sein nicht mehr normal ist, sondern eher ein Ausnahmezustand?

Wann immer wir unsere gewohnten Bahnen verlassen, fühlen wir uns lebendig. Manchmal ist das allerdings nicht angenehm, denn die gewohnten Bahnen geben uns ja Sicherheit. Angenommen, Sie haben eine Autopanne. Alles ist anders. Anstatt sich gedanklich auf den Tag im Büro vorzubereiten, stehen Sie mutterseelenallein irgendwo in der Pampa und warten. Höchstwahrscheinlich werden Sie nicht mehr mit den To-dos im Büro beschäftigt sein, Sie denken plötzlich ganz andere Dinge. Vielleicht auch, wer Sie jetzt abholen könnte. Wen Sie überhaupt anrufen würden, wenn Sie in Not sind. Gibt es da jemanden, bei dem Sie es wagen würden, ihm lästig zu fallen? Und wie würden Sie selbst reagieren, wenn jemand Sie anriefe: Kannst du mich abholen, ich habe eine Panne. Wo doch alle wissen, dass alle im Stress sind und sich alle mehr Zeit für Familie und Freunde wünschen. Menschliche Werte sind überhaupt das Wichtigste, hat der Psychologe im Radio gesagt. Man kommt nur leider so selten dazu.

Wie gehen Sie mit Unterbrechungen des geregelten Ablaufs um, die Sie daran hindern, Häkchen auf Ihrer To-do-Liste zu machen? Könnte es vielleicht sein, dass gerade bei den Unterbrechungen, den Störungen ein paar Häkchen für die To-be-Liste abfallen? So ähnlich wie bei Krisen, nach denen Menschen sagen, dass sie dankbar sind, weil sie ohne die Krise vieles nicht erkannt hätten. Aber Vorsicht! Mit diesem Ansatz können Sie sich auch selbst betrügen, weil Sie dann vielleicht mutmaßen: Wenn ich hin und wieder eine Pause mache, bin ich im Anschluss leistungsfähiger. Durchaus richtig. Aber Lebensqualität misst sich eben nicht an Leistungsfähigkeit. Es kann sein, dass Ihnen die Entscheidung, öfter mal offline zu sein, zu mehr Erfolg auch im Beruf verhelfen wird. Doch wenn Sie mit diesem Ziel antreten, werden Sie den Sesam nie öffnen. Es ist wie bei dem Paradox des Loslassens. Man muss zuerst etwas loslassen, es aushalten, mit leeren Händen dazustehen, denn dies ist die Voraussetzung dafür, dass etwas Neues beginnen kann. Am Loslassen scheitern viele Menschen, weil sie dafür das schlimme Wort mit den vier Buchstaben aussprechen müssten. Und das wollen sie nicht, weil sie ja niemanden brüskieren möchten. Sie sind lieber hart zu sich selbst, als anderen eine Grenze aufzuzeigen. Doch ohne Nein gibt es kein Ja zu sich selbst. Deshalb nachfolgend einige Anregungen, wie Sie den Weg zu Ihrer To-be-Liste ebnen.

Nein zu den anderen = Ja zu sich selbst

Nein ist mehr als ein Wort. Nein ist eine Macht. Sie schützt unsere Grenzen und schenkt uns Zeit für all das Schöne, das wir unternehmen möchten. Natürlich wollen auch andere Menschen Schönes tun, und manche wissen, wie das geht, und bringen andere dazu, das zu erledigen, was sie selber tun müssten. Man nennt das auch das Tom-Sawyer-Prinzip, weil Tom es schaffte, andere dazu zu bringen, ihm eine ungeliebte Arbeit abzunehmen und den Zaun anzustreichen. Solche Leute haben am Ende mehr, die anderen weniger Zeit. Denn sie können Nein sagen, die anderen nicht.

Nein ist ein Zauberwort, weil wir damit in unseren eigenen Zeit-Raum gelangen. Der Sesam öffnet sich. Manche Neins fallen leicht, andere schwer. Vielleicht hilft es Ihnen, wenn Sie sich bei Ihrem Nein anderen Menschen gegenüber auf die Freiheit konzentrieren, die Sie dadurch gewinnen. Zeit für das, was Sie wirklich gerne tun. Zeit für sich, für Unternehmungen mit Ihrer Familie, Zeit zu lesen und für den Sport, egal, was es ist; es ist das, was Sie wollen. Und es ist in greifbarer Nähe. Allein vier Buchstaben trennen Sie davon.

Machen Sie sich bewusst: Das Ja-Sagen hat auch Schattenseiten. Man macht sich nicht unbedingt beliebt damit.

Vielleicht kennen Sie einen dieser Zeitgenossen, die zu allem Ja und Amen sagen. Sie rufen abends um zehn an und fragen, ob er Sie am nächsten Morgen zur Arbeit fährt. Klar. Er verleiht sein Fahrrad, seinen Laptop, und wenn Sie umziehen, ist er morgens der Erste und abends der Letzte. Ein richtiger Schatz eben. Aber mal ehrlich: Nehmen Sie diesen Menschen ernst? Oder ist er nicht irgendwie ein Trottel, wenn auch ein liebenswerter? Oder halten Sie ihn für einen Menschen, dem man eigentlich nicht trauen kann: Im Grunde weiß man doch nie, was er will, was in ihm vorgeht. Er sagt immer nur Ja. Das ist ein bisschen wenig. Und langweilig obendrein.

Sie brauchen sich niemals für ein Nein zu rechtfertigen. Sie brauchen keinem zu erklären, warum Sie Nein sagen. Sie sind niemandem Rechenschaft schuldig. Natürlich können Sie, wenn Sie möchten, eine Begründung für Ihr Nein geben. Die sollte allerdings kurz ausfallen, sonst schwillt sie schnell zu einer Rechtfertigung an, und Rechtfertigungen schwächen Ihr Nein, und dann ist es nicht mehr weit zum Vielleicht und zum Ja.

Erwarten Sie nicht, dass Ihre Mitmenschen über Ihr Nein in Begeisterung ausbrechen. Aber Sie können stolz auf sich sein. Die Folgen Ihres Neins kommen schließlich nicht nur Ihnen selbst zugute, sondern manchmal auch anderen: Mama hat Nein gesagt und hat jetzt Zeit für uns Kinder. Denn – das ist unbestritten – gerade das Familienleben leidet unter der digitalisierten Welt.

Sagen Sie Nein in einem freundlichen Ton, Sie brauchen das Nein nicht herausschießen, auch wenn sich viel Druck aufgebaut haben mag. Geben Sie dem Nein nicht mehr Bedeutung, als es hat, es sind ja nur zwei Buchstaben mehr als ein Ja.

- Gewöhnen Sie sich an, bei allen Gefälligkeiten, die Sie sonst vielleicht im Vorübergehen abnicken, um eine Bedenkzeit zu bitten: Lassen Sie mich darüber nachdenken. / Ich rufe dich in einer halben Stunde zurück. Wenn Sie dann absagen, wirkt Ihr Nein weniger hart. Außerdem haben Sie bewiesen, dass Sie Verabredungen einhalten.
- Sagen Sie nicht gleich Nein, sondern setzen Sie ein »Hm« davor, das signalisiert, dass Sie sich die Sache überlegt haben.
- Wertschätzen Sie die Bitte, die man an Sie heranträgt. Es würde mich freuen, dir zu helfen. Im Anschluss erklären Sie, dass dies leider nicht möglich ist. Aber Sie sagen auf keinen Fall, warum nicht. Wer sich rechtfertigt, verliert (Augen-) Höhe.
- Machen Sie eine Frage des Prinzips aus der Bitte. Jetzt dürfen Sie begründen, und zwar folgendermaßen: So was mache ich aus Prinzip nicht. Ihr Gegenüber fühlt sich dann nicht persönlich abgelehnt. Hier können Sie auch nachlegen: Ich verleihe meinen Wagen prinzipiell nicht. Ich mache prinzipiell keine falschen Angaben bei Versicherungsangelegenheiten. Ich verbringe den Sonntag prinzipiell mit meiner Familie.

- Bekunden Sie Ihr Bedauern: Das tut mir wirklich leid für dich. Denken Sie nicht darüber hinaus. Die Bekannte hat lediglich erzählt, dass ihre Cousine sich das Bein gebrochen hat und ihr nicht beim Umzug helfen kann. Sie hat nicht gefragt, ob Sie einspringen. Halten Sie sich stets an die konkrete Anfrage eines Bittstellers und reagieren Sie niemals auf das, was er vielleicht meinen könnte. Dann würden Sie einer Bitte nachkommen, die Ihnen erstens niemand abverlangt hat und der Sie zweitens auch nicht nachkommen möchten. Doppelt blöd gelaufen.
- Sagen Sie nicht für immer und alle Zeiten ab, sondern grenzen Sie ein: Das passt mir im Augenblick leider nicht. Sollte der Bittsteller einen anderen Zeitpunkt vorschlagen, bleiben Sie vage: Ich befürchte, an diesem Termin klappt es auch nicht. Üben Sie sich in Floskeln, die nichts sagen und dennoch etwas bewirken: Sie mildern das Nein. Sie wollen ja niemanden verletzen. Sonst würden Sie sagen: Keine Lust. Mach doch selber. Sie möchten einfach nicht, aber Sie wollen dabei trotzdem freundlich bleiben.
- Holen Sie sich Kraft bei Ihren Zielen: den Dingen, die Sie in der gewonnenen Zeit tun wollen. Sie sind kein Egoist, wenn Sie Nein sagen, ganz im Gegenteil: Sie verbringen Ihre Zeit mit Aktivitäten und Menschen, die Ihnen am Herzen liegen. Damit erreichen Sie die maximale Punktzahl auf Ihrer To-be-Liste.

Überdosis Genuss

Auch uns selbst sollten wir öfter mal ein Nein vor die Nase setzen. Beispielsweise, wenn ein Genuss zu kippen droht. Nicht jeder Schimmelkäse im Kühlschrank ist gesund. Manchmal konservieren wir zu viel, wir können es nicht wegwerfen, aufgeben. Lieber erst mal aufbewahren, lieber weitermachen, sonst verpasst man was. Wieso haben wir noch einen Newsletter abonniert, wo wir schon so viele bekommen? Wieso klicken wir immer wieder auf die Seite der Plattenbörse, wo wir uns doch geschworen haben, nicht mehr nach Raritäten zu suchen, weil der ganze Keller voll damit ist und wir gar keine Zeit haben, sie anzuhören? Wieso bleiben wir auf dem Sofa sitzen wie angetackert, obwohl der Film, den wir sehen wollten, beendet ist und wir Talkshows nicht ausstehen können? Und warum gehen wir ständig viel zu spät ins Bett, sodass wir morgens immer zu spät aufstehen und es nicht schaffen, den Tag gut zu beginnen? Der ganze Schrank ist voll von Klamotten, wir shoppen trotzdem weiter. Manchmal kauft man sich etwas, was man schon hat, weil man vergessen hat, dass es bereits da ist. Jeder kennt seine Schwächen. Die verschwinden nicht von selbst, im Gegenteil, sie neigen dazu, Schimmel anzusetzen. In solchen Fällen gibt es keinen besseren Reiniger als ein Nein, das gründlich ausputzt.

Häkchen verpflanzen

In manchen Fällen kann man mit einem kleinen Gedankentrick dafür sorgen, dass das eine oder andere Häkchen von der To-do-Liste wieder dorthin rutscht, wo es eigentlich beheimatet ist: auf die To-be Liste.

Stephanie, freiberufliche Grafikerin, jammert ihrer Freundin Isabella mal wieder vor, sie habe null Zeit für sich. »Ich steh morgens auf, jogge mit dem Hund, nach dem Frühstück verschwinde ich sofort in meinem Atelier, kaum schaue ich drei Mal auf die Uhr, ist es schon wieder Mittag und ich muss Gassi gehen. Meistens treffe ich da irgendwen, damit ich meine Sozialkontakte abhake, dann schnell nach Hause hetzen, was essen und weiterarbeiten, und kaum schaue ich drei Mal auf die Uhr, ist es schon wieder sechs und ich muss zum Sport, sonst wird es mir zu spät und ich kann mich um acht nicht mehr mit Oliver treffen. Ich hab echt null Zeit für mich.«

»Bitte?«, fragt Isabella konsterniert. »Ich höre nur: joggen, Hund, Gassi, Leute treffen, Sport, Oliver. Das ist dein Tag?«

»Ja, und das ist total stressig. Ich hab keine ruhige Minute für mich.«

»Aber das ist doch alles dein Privatvergnügen«, stellt Isabella staunend fest und macht Stephanie klar, dass sie diese Punkte unter Freizeit buchen könnte anstatt unter Arbeit.

»Aber ich *muss* das alles tun, somit ist es Arbeit«, widerspricht Stephanie, weil es ihr so geht wie vielen Menschen, die von ihrem Alltag völlig überfordert sind und Dinge, die sie täglich tun, zu den Aufgaben, nicht zu den Vergnügungen zählen, auch wenn sie das sein könnten.

Gibt es in Ihrem Leben auch Pflichten, die genauso gut als Vergnügungen eingestuft werden könnten? Und besteht eine Möglichkeit, diese Häkchen von der To-do- auf die To-be-Liste zu verpflanzen? Allein die Entscheidung, dass das Training im Fitnessstudio keine Pflicht ist, nimmt Druck aus dem Alltag. Man tut nicht, was man muss, man tut, was man will.

Früher war ich regelmäßig im Skiurlaub in einem österreichischen Tal. Ich wohnte in einem vierhundert Jahre alten Bauernhaus mit Familienanschluss. Gegessen wurde in der Stube, da stand der Kachelofen. Nach dem Essen setzten sich die Bauersleute mit ihren Kindern um die Ofenbank. Sie sprachen kaum miteinander, schauten freundlich vor sich hin. Das konnte ich kaum aushalten. Was machten die da? Ich fragte sie.

»Nichts«, wurde mir beschieden.

Das fand ich unerhört. »Und was denkt ihr so?«

»Nichts.«

Damals wusste ich noch nicht, dass ich quasi bei Erleuchteten logierte, und fragte abermals nach. Man sagte mir, dass man es genieße, keine Arbeit zu haben. Heute glaube ich, dass diese Familie nicht zwischen Freizeit und Arbeit unterschied. Jetzt war nichts zu tun, später war etwas zu tun, man nahm, was kam. Ulrich Schnabel, der ein Buch über das Glück des Nichtstuns geschrieben hat, berichtet etwas Ähnliches: »Als italienische Psychologen vor einigen Jahren die Lebensgewohnheiten von Südtiroler Bergbauern untersuchten, machten sie eine erstaunliche Entdeckung: Als sie diese nach ihrem Verständnis von Arbeit und Freizeit befragten, stellten die Psychologen verdutzt fest, dass die Bauern diesen Unterschied gar nicht machten. Sie taten, was eben zu tun ist – sie molken ihre Kühe, mähten Wiesen, erzählten den Kindern zwischendurch Geschichten oder spielten abends Akkordeon – ohne zwischen Pflicht und Vergnügen klar zu trennen. Und als sie gefragt wurden, was sie tun würden, wenn sie mehr Zeit zur Verfügung hätten, antworteten die Bergbewohner verwundert: »Dasselbe.«

»Meine« Bauern erweckten nicht den Eindruck, sich vom Nichtstun ablenken zu müssen. Ablenken? Von sich selbst? Das muss ja ein ziemlich schrecklicher Ort sein, wenn man es dort nicht aushält, ohne nervös zu werden, und stattdessen zwanghaft mit elektronischen Kameraden spielen muss.

Der Wissenschaftsjournalist Stefan Klein stellt fest, dass das Gefühl der Zeitnot wenig mit Zeit, viel hingegen mit Perspektive zu tun hat. In seinem Buch *Zeit – der Stoff, aus dem das Leben ist* zitiert er eine Studie aus Frankreich, die maßgeschneidert auf die überforderte Stephanie passt. Einhundertfünfzig Frauen wurden nach ihrem Arbeits- und Freizeitverhalten befragt. Während Frauen mit einem niedrigen Schulabschluss Freizeit mit arbeitsfreier Zeit gleichsetzten, sahen das Frauen mit Hochschulabschluss anders. Für sie war beispielsweise das Zusammensein mit ihren Kindern nicht nur

Vergnügen, sondern auch Pflicht. Die Frauen mit niedrigem Schulabschluss bezeichneten ihre Berufstätigkeit als lästige Pflicht, die wiederum die Frauen mit Hochschulabschluss als Möglichkeit zur Selbstverwirklichung einstuften. Je nach Perspektive kann alles Pflicht oder Vergnügen sein. Es kommt drauf an, ob wir das Gefühl haben, Herr und Herrin über unsere Zeit zu sein. Wir haben es in der Hand, wie wir die Zeit verleben.

So ein Mist, ich bin so spät dran, und jetzt muss ich auch noch einkaufen, immer bleibt alles an mir hängen.
Oder: *Es gibt eine Familie, die zu mir gehört. Es gibt Menschen, für die ich sorgen kann. Ich kaufe jetzt für uns ein. Es ist schön, dass ich genug Geld habe, um alles zu kaufen, was wir brauchen.*
Mein voller Schreibtisch macht mich fertig. Ich wünsche mir so sehr, dass mal gar nichts ist.
Oder: *Es ist schön, dass ich so gefragt bin und so viele Aufträge habe. Ich muss ja nicht alles auf einmal erledigen. Bei mir herrscht kein Mangel, dafür bin ich dankbar.*
Ich möchte Sie nicht dazu anstiften, sich selbst zu betrügen oder zwangsweise positiv zu denken, denn das verschafft Ihnen ja nicht mehr Zeit für sich selbst. Aber manchmal machen wir es uns durch unsere Denkweise zusätzlich schwer. Anders über manche Dinge zu denken verändert die innere Haltung und in der Folge die Reaktion. Unsere Einstellung legt die Spur dafür, ob uns etwas stresst oder nicht. Dies jedoch mit der Einschränkung, dass wir Spielraum haben. Sobald wir am An-

schlag sind, wie es so treffend heißt, stresst uns nämlich alles. Dann können wir auch nicht mehr unterscheiden, was jetzt wirklich wichtig ist. Im Zustand der totalen Überforderung ist selbst das Ausräumen der Geschirrspülmaschine eine schier unlösbare Aufgabe. Oft hilft eine gedankliche Korrektur dabei, das Gefühl des Gehetztseins abzustellen, sich auf den Inhalt zu besinnen. Auch das ist ein Schlupfloch aus der Raserei.

Sie stehen mit dem Auto im Stau. Sie sind spät dran. Sie hassen alle Verkehrsteilnehmer. Sie sind hier die einzige Person, die irgendwo hinmuss. Jetzt. Alle anderen auf der Straße sind einfach nur Hindernisse.
Denken Sie sich mal aus, was die Insassen in den Autos um Sie herum vorhaben könnten. Womöglich sind sie ebenfalls unterwegs zu wichtigen, sehr wichtigen Terminen?
Und was wäre, wenn Sie gar kein Auto hätten? Wenn Sie Bahn fahren müssten? Und wenn die streiken würden? Und es regnet. Da ist es schon angenehm, im Warmen zu sitzen bei guter Musik. Und immerhin, Sie gehören zu den Privilegierten, die im Stau stehen. Dazu braucht man ja, wie gesagt, erst mal ein Auto. Und auch einen Termin. Es gibt jemanden, der auf Sie wartet. Das ist doch schon mal was. Insofern ist dieser Stau hier eine wunderbare Gelegenheit, dankbar zu sein für Ihr Leben.
Genau darum geht es: Bringen Sie Ihr Gemüt ins Trockene. Wringen Sie aus, was Sie daran hindert, Ihr Leben zu genießen, denn oft sind es nur Kleinigkeiten, die den Unterschied zwischen Made und Marmelade ausmachen.

Wann man ein Hobby an den Haken hängen sollte

Bei den Hobbys ist es wie bei all den anderen Verpflichtungen und Ämtern, die wir übernommen haben: Manche haben sich selbst überlebt, und wir führen sie trotzdem weiter, vielleicht weil die Menschen, die dazugehören, so sympathisch sind. Aus dem Hobby entwickelt sich ein gewiefter Zeitfänger.

Mary hat vor fünfzehn Jahren mit Begeisterung orientalischen Tanz an der Volkshochschule unterrichtet. Der Kurs ist ihr geblieben, obwohl sie mittlerweile eine Sparkasse leitet. Mary hat sehr wenig Freizeit, doch die Frauen im Kurs sind so nett, und irgendwie tut die Bewegung ja auch gut. Schöner wäre es für Mary, wenn sie nicht vortanzen müsste, einfach mitmachen könnte: Sie würde die Hauptrolle in ihrer Freizeit spielen, wenn sie die Hauptrolle an der Volkshochschule abgeben würde. Aber das schafft sie nicht. Sie will ja niemanden brüskieren.

Bernhard hat sich jahrelang für alte Obstsorten interessiert und seinen Garten zeitaufwändig und liebevoll gepflegt. Doch seitdem er den neuen Job hat, würde er in seiner Freizeit lieber wandern gehen. Aber darf er die alten Sorten im Stich lassen?

Felicitas spielt seit ihrem dritten Lebensjahr Klavier, immer mit großer Begeisterung. Doch nun ist irgendwie die Luft raus. Trotzdem verlangt sie von sich, jeden Tag mindestens eine Stunde zu üben. Sonst wäre doch alles vorher umsonst gewesen! Sie spielt schlechter als früher und lässt es trotzdem nicht bleiben. Deshalb hat sie oft miese Laune.

Hartmut hat sich erst im letzten Jahr für ein paar tausend Euro eine neue Sportausrüstung gekauft. Da kann er sein Hobby doch jetzt nicht an den Nagel hängen! Solveig auch nicht. Sie klettert. Manchmal würde sie abends einfach gern zu Hause bleiben, anstatt sich noch in die Kletterhalle aufzumachen. Aber wenn sie nicht regelmäßig trainiert, baut sie Kondition ab. Und dann?

Leben ist Veränderung. Dinge kommen, Dinge gehen. Wir müssen nicht alles für immer festhalten.
Es ist logisch, dass man nicht immer mehr tragen, annehmen, erledigen kann. Wenn was Neues reinkommt, muss was Altes raus. Wessen Kleiderschrank so vollgestopft ist, dass er/sie sich darin überhaupt nicht mehr zurechtfindet, ja, keine Ahnung hat, was da eigentlich alles drin ist, sollte Inventur machen. Man ist übrigens kein schlechter Mensch, wenn man nicht das hat, was jetzt angeblich alle haben und tun. Überprüfen Sie Ihre Hobbys kritisch: Mögen Sie Ihre Freizeitaktivitäten wirklich? Oder sind manche nur noch eine Gewohnheit? Achten Sie darauf, wie Sie sich nach der Ausübung Ihrer Freizeitaktivitäten fühlen. Sind Sie gut gelaunt und aufgetankt, obwohl Sie sich vielleicht dazu überwinden mussten? Denn oft muss man sich wirklich einen Ruck geben, gerade nach einem langen Arbeitstag das Haus noch mal zu verlassen. Wenn man aber dann heimkehrt und froh ist, dass man sich diesen Ruck gegeben hat, bringt das ein Häkchen auf der To-be-Liste. Wenn Sie nach solchen Rucks allerdings nur noch Müdigkeit und Überdruss fühlen, sollten Sie über-

legen, dieses Hobby gegen etwas anderes zu tauschen, was Ihnen mehr Spaß macht. Das schmückt Ihre To-be-Liste.
Oder nicht tauschen, sondern einfach aufgeben. Sie müssen nicht alles für immer behalten. Und auf keinen Fall sollten Sie ein aufgegebenes Hobby durch Arbeit oder andere Verpflichtungen ersetzen! Das wäre ja noch schöner. Weg mit dem ungeliebten Hobby und her mit noch mehr Arbeit.
Man ist nicht mit seinem Hobby verheiratet. Man darf sich von ihm trennen. Und übrigens auch von Menschen, die man mitschleppt, ohne wirkliches Interesse an ihnen zu haben, denen man eigentlich nicht über den Weg traut. Man darf sich von allem trennen, was einem nichts mehr bedeutet, und das sollte man auch tun. Sonst lügt man sich in die eigene Tasche und ist anderen Menschen gegenüber unaufrichtig.

Wenn die Trennung von »schlechten« Gewohnheiten nicht gelingt, sind oft tiefer liegende Gründe dafür verantwortlich. Man hat Probleme, sich abzugrenzen, man hält sich für einen labilen Menschen, man fühlt sich ohnehin minderwertig und hat das Gefühl, dauernd beweisen zu müssen, dass man auch wirklich Anerkennung verdient nach dem Motto: Zuneigung nur nach Leistung. In einem solchen Fall wäre es vielleicht ratsam, einmal mit einem Profi zu sprechen. Das ist zwar erst mal ein neuer Termin, wo Sie doch eigentlich abspecken wollten, aber ein Coach kann Ihnen dabei helfen, alten Ballast loszulassen und sich nicht als treulose

Tomate zu fühlen. Schließlich kommt es doch vor allem darauf an, dass Sie selbst sich die Treue halten!
Man muss nicht immer mit der Zeit gehen, denn es ist diese Zeit, die uns die Zeit raubt. Oder es versucht, denn noch haben wir das Heft, das Handy in der Hand. Sie könnten es mal wieder abschalten.

Funkstille

Ach, es ist noch aus? Und Sie sind womöglich allein? Mutter-Seelen-allein? Und wie geht es Ihnen dabei? Können Sie Stille ertragen – gut oder gar nicht? Kürzlich sorgte eine Studie für Aufsehen, die deutlich zeigt, was geschehen kann, wenn wir es mit uns selbst nicht mehr aushalten: Stromstoß statt Langeweile. Es gibt tatsächlich Menschen, denen sind Elektroschocks lieber, als nichts zu tun. So kann man sich fragen, wie realistisch die Sehnsucht so vieler Zeitgenossen nach dem süßen Nichtstun ist, wenn sie es vielleicht kaum mehr als fünfzehn Minuten durchhalten. Meditieren, Tagträumen oder einfach mit seinen Gedanken allein sein fällt vielen Menschen einer Studie zufolge schwer. Forscher zeigten in einer Reihe von Experimenten, dass zahlreiche Personen das Alleinsein mit sich als unangenehm empfinden. Vor allem Männer hatten ein Problem damit, mit ihren Gedanken allein zu sein. Sie verpassten sich lieber Elektroschocks, als ohne weitere Beschäftigung ihren Gedanken nachzuhängen, berichteten die Wissenschaftler im Magazin *Science*. Die Forscher um Timothy Wilson von der University of Virginia baten zunächst eine Gruppe von College-Studenten, sechs bis fünfzehn Minuten in einem schmucklosen Raum ihren Gedanken nachzuhängen. Anschließend fragten sie die Studenten, wie sie das Alleinsein empfunden hatten. Die meisten fanden es schwierig, sich zu konzentrieren. Die Hälfte sagte, sie habe die Erfahrung nicht genossen. In einem weiteren Versuch gaben die Wissenschaftler einigen Versuchspersonen die Möglichkeit, sich einen leichten Elektroschock zu verabreichen, wenn ihnen das Nichtstun zu viel wurde. Während der fünfzehnminütigen Denkzeit entschieden sich zwölf von achtzehn Männern und sechs von vierundzwanzig Frauen für die Elektroschocks. Sie widmeten sich lieber einer unangenehmen Aktivität als gar keiner, und das, obwohl die Probanden die Elektroschocks während der Demonstration als sehr unangenehm empfanden. Schade, dass den Probanden niemand erklärt hat, dass Löcher in die Luft zu schauen keine Schmerzen bereitet und fünfzehn Minuten ohne Ablenkung ein Abenteuer sein können!

Ein Ergebnis, das schockt? Oder womöglich vielmehr eine logische Konsequenz, wenn man überhaupt nicht mehr daran gewöhnt ist, mit sich allein zu sein ohne Ablenkung. Denn das Alleinsein ohne alles, nach dem wir uns einerseits so sehr sehnen, birgt andererseits auch Gefahren. Die Löcher, die wir in die Luft starren, um etwas Schönes zu sehen oder uns zu erholen, können sich als Fallgruben entpuppen. Und es kann durchaus passieren, dass man abrutscht, hineingezogen wird in ein Loch: nicht in der Luft, sondern auf dem Boden.

Der offene Gullydeckel

Da hat man mal Zeit, zu träumen oder nichts zu tun – und was fällt einem ein? Das unerfreuliche Gespräch mit dem Chef, die blöde Kollegin, der Streit mit den Schwiegereltern, finanzielle Sorgen, Krankheitsängste, und, und, und. So hat man sich das nicht vorgestellt. Und weil das so ist, will man lieber gar keine Gelegenheit haben, mal nichts zu tun, sonst denkt man ja wieder diesen Blödsinn.

Ja, das mag schon sein, aber wieso dürfen Ihre Gedanken kein Blödsinn sein und das Fernsehprogramm schon? Letzterem sind Sie ausgeliefert, Ihre Gedanken können Sie ändern. Da können Sie nicht nur zappen, sondern Inhalte verändern, wie es Ihnen gefällt. Im Grunde genommen ist das einzig und allein eine Frage der Disziplin.

Im Fernsehen merkt man bereits in den ersten Filmsekunden, worauf die Sache hinausläuft. Man sieht es an den Farben, hört es an der Filmmusik, und wenn dann ein Cabrio die Kiesauffahrt zum Schloss hochfährt, in dem die Baronin soeben den Butler beauftragt, abzuservieren, dann weiß man doch, in welchem Genre man sich befindet, und kann umschalten. Wenn in den ersten Filmminuten eine blutende, halb nackte Frau an eine Anhängerkupplung gefesselt wird und der Motor des Wagens aggressiv aufheult, ist eine Sommerromanze mit Happy End eher unwahrscheinlich.

Und genauso ist es bei den Filmen, die vor unserem inneren Auge ablaufen. Das Verrückte ist, dass oft dieselben ollen Kamellen gezeigt werden. Hat man schon hundert Mal gesehen. Wer sitzt hier eigentlich am Projektor? Na, wer wohl! Also legen Sie mal einen anderen Film ein. Ist doch langweilig auf die Dauer und versüßt Ihnen die Freizeit auch nicht gerade, die ja oft nur aus einigen Minuten besteht, in denen man gerade mal nichts tut oder etwas, bei dem man sich nicht konzentrieren muss. Und dann läuft schon der Trailer an. Offene Gullydeckel sind keine Wellnesspools, also besser Deckel drauf, wenn es sich um Endlosschleifen handelt. Psychische Probleme, von denen man auch sagt, sie steigen von unten nach oben, sind hier ausdrücklich nicht gemeint. Die kommen nicht aus der Kanalisation, weil sie noch gar nicht verdaut sind, sonst wären sie ja keine psychischen Probleme.

Sie sind der Regisseur, die Regisseurin Ihres Lebens und somit auch Ihrer Filme. Werfen Sie doch mal ein paar frische Requisiten auf die Leinwand und verändern Sie die Rolle, die Sie in diesen Sequenzen spielen. Das Mitarbeitergespräch mit dem Chef, in dem er Ihnen die im Vergleich zu den Kollegen niedrige Punktezahl vorwarf, obwohl in Ihrer Abteilung drei Leute über Wochen fehlten, sodass Sie gar keine Punkte sammeln konnten. Warum haben Sie das nicht deutlicher kommuniziert? Und warum haben Sie sich das alles so lange angehört? In der neuen Sequenz stehen Sie einfach auf, gehen raus und knallen die Tür hinter sich zu. Vielleicht fällt Ihnen sogar noch eine Bemerkung ein, die Ihnen eigentlich schon lange auf der Zunge prickelt.
Ihr Partner hat sie vor zwei Jahren betrogen, und noch immer sehen Sie Eifersuchtsdramen in Ihrem inneren

Kino. Wie Sie zum Fenster der Rivalin schlichen. Wie Sie die beiden ertappten. Am schlimmsten war es, dass sie Tee tranken. Irgendwie wäre es leichter gewesen, Sie hätten sie in flagranti ertappt. Sie sind weggefahren und haben sich später geärgert, dass Sie keinen Stein durchs Fenster geworfen oder Sturm geklingelt haben. Das geht Ihnen bis heute nach. Also erledigen Sie es. In Ihrem Kopfkino. Und danach kommt der Abspann. Genauso in der Sequenz, in der Sie heimlich im Tagebuch Ihrer Tochter lasen. Sagen Sie ihr: Es tut mir leid.

In Ihrem Kopfkino können Sie alle Szenen zu Ihrer Zufriedenheit regeln, mit allen Leuten reden. Es hört Sie ja keiner. Oder doch? Manchmal zeigt ein solches Zweiaugengespräch Auswirkungen, die man sich nicht erklären kann.

Auch eine Tonspur ist veränderbar. Wenn Sie wieder mal daran denken, wie Sie bei dem Auftritt Ihres Trios in der falschen Tonart begannen und dann über mehrere Takte nicht in die richtige Form fanden. Auch wenn die anderen später beteuerten, das habe niemand gemerkt, es ist die Horrormelodie Ihrer Albträume geworden. Spulen Sie das Band zurück, reparieren Sie die Aufnahme, oder löschen Sie sie.

Und wenn Sie jetzt behaupten, dass Sie so etwas nicht können, weil Sie überhaupt keine Fantasie haben, dann würde ich gern mal fragen, ob Sie schon mal eine erotische Fantasie hatten. Wenn das geklappt hat, klappt auch alles andere. Denn bei der erotischen Fantasie handeln ja auch Leute, die gar nicht da sind, vielleicht sogar solche, die berühmt sind, die Sie nicht mal persönlich kennen. Dagegen sollte die ärgerliche Angelegenheit mit dem Chef oder dem Partner eine leichte Übung sein.

Wichtig ist, dass Sie selbst merken, wenn Sie in Ihrer Endlosschleife hängen, die Ihnen die wunderbare Chance, ein schönes Loch in die Luft zu schauen, vergällt. Und dann sollten Sie den Film abbrechen oder verändern. Als Regisseurin werfen Sie in solchen Situationen ein paar neue Requisiten ins Loch oder verlegen den Schauplatz an einen anderen Ort. Oder – aber das geht schon Richtung Formel ∞ – Sie denken gar nichts und schauen bloß. Alles ist besser, als sich einen Elektroschock zu verpassen, der sich ja auf Dauer sicher auch ungünstig auf die Stromrechnung auswirkt.
Wenn alles nichts hilft, können Sie auch Unterstützung bei der Löcherpolizei holen. Die wird aktiv, wenn Sie sich selbst mal wieder runtermachen. Ich bin nichts, ich kann nichts, ich hab nichts. Die Löcherpolizei ist direkt Ihrer Seele unterstellt, die Ihnen immer nur Gutes will. Diese fundiert ausgebildeten Aktivisten wissen, dass negative Gedanken zu negativer Stimmung führen, die weitere negative Gedanken produziert, und kontrollieren alle Gehirnwindungen, auch die Autobahnen und Bundesstraßen. Schädliche Objekte werden herausgezogen und kontrolliert. Hin und wieder verhängt die Löcherpolizei auch eine Denksperre. Zwischen 7 und 22 Uhr sind Selbstbeschimpfungen untersagt. Die Löcherpolizei verhaftet alles, was Ihnen schadet. Sie erreichen sie bundesweit unter dem Codewort: Nein.

JE SCHNELLER, DESTO BESSER?

Früher war alles besser, sagen manche Menschen und vergessen dabei viele Annehmlichkeiten, die wir heute genießen. Denn besser heißt auch langsamer.
Wie viel Tempo verträgt der Mensch? Im 19. Jahrhundert wurde bereits ein Tempo von 30 Stundenkilometern als gefährlich eingestuft. Ungefähr so schnell fuhren die Eisenbahnen seinerzeit und versetzten die Reisenden in einen Taumel der Geschwindigkeit. Kritiker warnten, der menschliche Körper sei für ein solches Tempo nicht geschaffen. Heute wissen wir, dass man aus dem All fallen und dabei unversehrt die Schallmauer durchbrechen kann. Es gibt nicht nur Temposünder, sondern auch Temposüchtige, Gefahrensucher, Risikosportarten-Junkies wie Wingsuiter – was für ein tolles Gefühl, sich ohne Fallschirm vom Berg zu stürzen. Dagegen sind Bungeejumping, Fünferlooping und Todesspirale auf dem Rummelplatz harmlos. Hält der Mensch alles aus. Ich bin ja mal gespannt, wie sich das dann anfühlt, wenn endlich auch das Beamen für Durchschnittsbürgerinnen und -bürger möglich ist. Denn das ist die einzige Möglichkeit, die ich mir vorstellen kann, wie wir alles schaffen sollen. Das, was schon ist, und das, was noch auf uns zukommen wird. Gebeamt statt gefahren oder geflogen würden wir die lästigen Wege sparen, könnten wir noch schneller noch mehr tun. Wie viele Häkchen da die Schallmauer durchbrechen könnten! Aber ohne Beamen, wie gesagt, sieht es eher

schlecht aus. Was für ein Jammer aber auch, Häkchenjammer.
Menschen sind zuerst einmal zu Fuß gegangen, auf Eseln und Pferden geritten, dann kamen die Kutsche, die Eisenbahn, das Fahrrad, das Motorrad, Auto, Flugzeug. Als Neugeborene liegen wir, entwickeln als Vierfüßler ein beachtliches Tempo, richten uns auf, stehen und gehen auf zwei Beinen, bis wir wieder einsacken, kleiner werden, manchmal am Ende gefahren werden müssen, im Bett liegen, der Kreis schließt sich. Der Kreis des Menschenlebens ist bekannt. Der der Eile nicht. Womöglich endet er im Kurzschluss.

Eine Entfernung, für die man früher eine mehrwöchige Schiffsreise veranschlagte, ist heute in wenigen Stunden Flugzeit zu überwinden. Doch während die Welt näher zusammenrückte, rückten die Menschen weiter auseinander. Nicht nur in Großstädten kennt man seine Nachbarn kaum. Man grüßt sich nicht mehr. Im Internet ist man da oft netter. Man kann einen Nachbarn, den man in Wirklichkeit nicht leiden kann und von dem man nicht weiß, dass er es ist, liken. Man verabschiedet sich auch schnell. Heute ein Paar, morgen schon ein neuer Beziehungsstatus. Alles geht ruck, zuck. Was ja nur logisch ist, bedenkt man den Druck, alles ausschöpfen zu wollen, stets das Optimum zu erreichen. Da kann ich mich nicht mit Hans aufhalten, wenn Franz eventuell die bessere Wahl wäre. Eventuell. Bis irgendwann, ziemlich bald, Fritz auftaucht.
Selbst unsere Sehgewohnheiten haben sich verändert.

Ich freue mich immer, wenn ich einen uralten Tatort im Fernsehprogramm entdecke. Ich mag die Oldtimer, Häuser, die Kleidung der Leute. Und wie sie reden. So umständlich, höflich, langatmig. Aber nach einer Weile hoffe ich doch, dass dann jetzt endlich mal was passiert. Minutenlang dieselbe Kameraeinstellung. Und ewig lange Sätze. Können die auch mal auf den Punkt kommen? Ja, aber das taten sie doch, im Tempo von damals. So war das anno dazumal, und die Zuschauer fanden es spannend. Heute blickt bei Krimis keiner mehr durch, wer mit wem und wieso der dann doch nicht der Mörder war, sondern ein anderer, der beim Tatort ab einer Laufzeit von einer Stunde dreiunddreißig zum ersten Mal auftaucht. Aber das Tempo irritiert nicht. Es ist normal, es ist schnell, und daran haben wir uns gewöhnt, auch wenn wir nicht mitkommen. So versäumt man wenigstens nichts, oder? Viele Menschen reden auch sehr schnell, obwohl sie sich dabei ständig wiederholen. Hauptsache Tempo. Langsam macht nervös. Es gibt Leute, die sehen auf langsame Zeitgenossen herab. So als würden die nichts taugen. Da kann man sich auch teuer täuschen.

Nur wer schnell ist, leistet was. Nur wer schnell ist, leistet sich eine solche Fehleinschätzung. Unsere Welt ist darauf eingerichtet, dass es überall ganz schnell gehen kann. Es ist zwar dann vielleicht nicht mehr tief oder schön oder beeindruckend, aber das macht ja nichts. Hauptsache rasant. Von allen Seiten werden wir getunt, damit auch wir selbst immer schneller werden. Fast Food, also »fast essen«, und natürlich im Gehen oder beim Arbeiten oder während man etwas anderes tut. Und wir beginnen Sätze mit: »Nur mal schnell.« »Kannst du mal kurz ...« Und den Kaffee – Symbol für Entspannung, Ruhepause, Besinnungszeit, Genuss – bitte »to go«.

Life to go

Im Formel-1-Takt funktioniert alles optimal. Hightech, hohe Geschwindigkeit, Vollgas, immer geht es um die Poleposition. Das Blöde ist bloß: Wenn man mal in diesen Kreisel gefahren ist, kommt man da nicht so einfach wieder raus. Die Fliehkräfte drücken einen an die Wand. Leider in die falsche Richtung, denn die Flucht sollte besser raus aus dem Teufelskreis führen. Da hilft nur eins: Bremsen, denn die Ausfahrt befindet sich im Kreismittelpunkt, und um dorthin zu gelangen, muss man erst mal Tempo rausnehmen. Wer das hohe Tempo nicht hält, gilt als Versager. Man heuchelt Verständnis. Aber Zuwendung kostet Zeit. Die man auf keinen Fall verlieren möchte. »Das wird schon wieder.« Und bloß weg von dem, der zieht einen runter.

Wer zu langsam ist, freut sich leider nicht darüber, sondern verstärkt seine Bemühungen, denn er will ja drin bleiben im Teufelskreis, weil sich da alle tummeln. Ausgestoßen möchte keiner sein. Deshalb fährt man in die Box und hofft, bei einem Boxenstopp fit gemacht zu werden. Zwei Sekunden für den Wechsel von vier Reifen. Ein Wochenende Wellness. Vier Tage zu Hause. Und zurück auf die Piste. Vollgas, bis zum Anschlag.

Was für ein Anschlag auf das schöne Leben, das wir führen könnten. Wenn wir es uns erlaubten. Wir können doch nichts dafür, wir wurden nicht gefragt, wir sind Opfer. Von Häkchen durchlöchert.

Vierunddreißig neue Mails im Kasten. Und das Telefon klingelt ständig. Jede Mail, die beantwortet wird, zieht eine weitere Mail nach sich. Mailen um des Mailens willen. Und vierundachtzig Mails in cc. Danke für Ihre Mail. Bitte. Umfragen zufolge verarbeitet jeder Büroangestellte täglich mehr als fünfzig Mails. Aber nur 15 Prozent dieser Mails sind als sinnvoll einzustufen. Im Rest findet sich jede Menge cc, unsichere Kollegen wollen sich absichern, man will zeigen, wie fleißig man ist, oder der Chefin gefallen, übt Kontrolle aus oder liebt das Gefühl von hohem Output.
Betrachtet man die beiden C genau, stellt man fest, dass es Bumerangs sind, die zur Sisyphusarbeit führen. Um zehn Uhr ist die erste von drei Besprechungen. Ich werde heute überhaupt nichts schaffen. Um sechzehn Uhr sind es vierundsechzig Mails, knapp hundert in cc. Und das Telefon klingelt. Eingekauft werden muss auch noch, und in der Wohnung sieht es aus wie Sau, man müsste mal wieder einen ruhigen Abend haben, vielleicht mal zum Sport, in die Sauna, ich wollte doch mit Max reden wegen dieser komischen Geschichte mit dem Schulkameraden, irgendwie wirkt er bedrückt. Morgen. Nein, das schieb ich nicht auf. Wenigstens die Eltern anrufen heute. Fragen, ob es mit dem Bein besser geht. Hoffentlich, sonst muss ich abends hinfahren.

»Sag mal Max, das mit deinem Schulkameraden.«
Jetzt sagt er nichts. Jetzt bockt er. So was Blödes. Blöder Zeitpunkt. Aber ich hätte es einfach gern erledigt gehabt. Wann immer wir gern etwas *erledigt gehabt* hätten, ist dies ein Fingerzeig darauf, dass es nicht ums Tun geht, sondern ums Getan-Haben, also um das Abhaken auf der Liste. Eigentlich müssen wir uns manchmal nur genau zuhören ...

Es gibt nun mal Dinge, die laufen schief, wenn das W vor der Eile fehlt. Ohne Hefe geht der Teig nicht auf. Neulich hörte ich ein Interview mit einer Sozialarbeiterin, die von ihrer Tätigkeit in einem Begegnungszentrum mit ausländischen Mitbürgern berichtete. Die Leute, die kamen, tranken eine Tasse Tee. Sie fragte sie, wie es ihnen gehe, wobei sie helfen könne, und sah sie nie wieder. Eines Tages erkannte die Sozialpädagogin ihren Fehler. Als wieder jemand erschien, bot sie Tee an und sprach über das Wetter. Die zwei Frauen kamen erneut. Abermals redete man über das Wetter und Fußball. Nach dem vierten Besuch schütteten die beiden ihr Herz aus, und da war viel drin. Gefragt, warum sie das nicht gleich getan hätten, man habe doch nun kostbare Zeit verloren, erwiderten sie, dass sie die Sozialarbeiterin doch noch gar nicht gekannt hätten. Und wie sie vor einem fremden Menschen solche Dinge ausbreiten sollten. Man müsse doch erst mal ein wenig Zeit miteinander verbringen, um Vertrauen aufzubauen, sich kennenzulernen.

Nur zu oft übertragen wir das hohe Geschäftstempo in unseren privaten Bereich: Wir stellen Business-Anforderungen an unsere privaten Beziehungen. Kein Wunder, dass immer mehr Beziehungen scheitern. Die ernähren sich nämlich auch von Liebe, Geduld, Verzeihen. Dafür ist kein Platz im Geschäftsverkehr. Und wenn du nicht so funktionierst, wie ich mir das vorstelle, wirst du eben ausgetauscht. Ich weiß, dass mir alle Möglichkeiten offen stehen. Irgendwo gibt es einen, der passt besser zu mir. Rein statistisch wohnen in Deutschland über viertausend optimale Partner für mich. Leute, ich muss mich ranhalten, ich hab keine Zeit zu verlieren.
Alles soll reibungslos flutschen. Zeit ist Geld. Überall. Und wenn die Mona nicht sagen kann, was los ist, auch wenn man drei Mal gebohrt hat, dann kann man ihr eben nicht helfen. Und sich selbst womöglich auch nicht. Denn das zeigt, dass man Mona wie eine Maschine behandelt. Und was sagt das über uns aus? Und darüber, wie wir mit uns selbst umgehen und welchen Anspruch wir an uns stellen, funktionieren zu müssen ohne Pardon, auf Gedeih und Verderb? Aber wir können ja nichts dafür. Wir sind Häkchenopfer, oder?

Friendship to go

Sabine erzählt: Ich habe null Zeit, meine Freunde zu treffen. Aber man muss sich doch mal melden. Wenn ich länger nichts von denen höre, rufe ich immer mal an. So in einem bestimmten Rhythmus. Bei dem einen sind es drei Wochen, beim anderen drei Monate. Ich will die gar nicht sehen. Und manchmal hoffe ich, die Mailbox geht ran. Meistens schreib ich lieber eine SMS. Ich will mich einfach mal gemeldet haben. Freundschaft ist mir total wichtig.

Ja, und Häkchen sind es erst recht. Sabine ist kein schlechter Mensch, sie hat einfach keine Zeit mehr für Freundschaften, seit sie in der Medienagentur arbeitet, wo sie neben ihrer Tätigkeit tagsüber mindestens dreimal in der Woche Abendtermine wahrzunehmen hat. Sabine findet das geil. Sie ist Ende zwanzig. Und dauernd lernt sie neue Leute kennen, die sie dann alle hin und wieder mal kurz anruft. Anrufen ist nämlich höflicher als simsen, persönlicher irgendwie. Das ist wie Schäfchenzählen, sagt sie. Sind alle noch da? Und das reicht mir dann ja auch.

Ja, mehr will man auch nicht wissen. Ganz einfach deshalb, weil man keine Kapazitäten dafür hat, so beschäftigt wie man ist mit seinem eigenen Leben. Und das macht ja auch nichts, gerade in diesem Alter. Muss man überhaupt viel Zeit miteinander verbringen, um gut befreundet zu sein? Oder viel reden? Männer zum Beispiel reden oft gar nichts oder wenig und sind dicke Kumpels für immer.

Stimmt. Aber vielleicht haben sie was zusammen unternommen. Sind schweigend gewandert, haben schweigend ein Auto zusammengeschraubt oder einen Computer. Haben sich am Tresen schweigend ihr Herz ausgeschüttet. So was verbindet. Etwas gemeinsam unternehmen. Aber es kostet halt auch Zeit.

Was bei Sabine recht locker klingt, kann auch ein erstes Anzeichen für einen Burnout sein, denn man sollte eigentlich gern Zeit mit den Freunden verbringen. Wer sich nach etwas sehnt, zum Beispiel nach Zeit mit der Familie, diese dann aber nicht genießt, weil er nicht abschalten kann, ist gefährdet. Wann immer Sie merken, dass das, was Ihnen normalerweise Freude bereitet, Sie belastet, ist das ein alarmierendes Rauchzeichen am Horizont.

Die Sehnsucht nach Zeit mit Freunden ist groß. Aber oft bleibt sie Sehnsucht, weil man keine Zeit dafür hat – obwohl wir so viel Freizeit zur Verfügung haben wie nie zuvor! Während in den 1930er-Jahren noch oft fünfzig Stunden in der Woche gearbeitet wurde, beträgt die Regelarbeitszeit für heutige Vollzeitjobs rund siebenunddreißig Stunden. Hinzu kommen Feiertage und Urlaube – so ist die Jahresarbeitszeit von zweitausendeinhundert auf fünfzehnhundertfünfzig Stunden gesunken. Was viele Menschen »gefühlt« anders beurteilen, weil es kaum mehr freie Freizeit gibt, sondern vor allem verplante. Eigentlich müsste man ein neues Wort für die wirklich freie Freizeit erfinden, vielleicht die *gefühlte* Freizeit?

Genau das macht die Vergangenheit so kostbar und schön, jedenfalls meine. Als ich Kind und Jugendliche war, hockte man nicht in seinem Zimmer und pflegte elektronisch Kontakt. Da ging man raus. Besuchte sich, auch unangemeldet. Zog um die Häuser, nichts Bestimmtes im Sinn. Kam nach Hause, wenn man musste. Manchmal ein bisschen später, weil es draußen am allertollsten war. Was man da wieder erlebt hatte! Und vorher wusste man nie, wie der Tag verlaufen würde, denn man hatte ja nur selten etwas ausgemacht. Alles ergab sich. Heute ergibt sich fast nie etwas spontan, alles ist verabredet, manchmal Wochen im Voraus. Beim Terminieren freut man sich darauf. Die Felder im Kalender sind noch frei. Doch dann wird immer mehr reingequetscht und aus dem Freizeitvergnügen wird ein Pflichttermin, den man absolviert, weil man zuverlässig statt launisch ist. Aber so schön, wie man es sich vorgestellt hat, ist es nicht mehr. Manchmal kriegt man dann über Nacht eine Magen-Darm-Grippe. Spontan geht also doch noch, irgendwie und manchmal mit schlechtem Gewissen.

Mehrere Häkchen mit einer Klappe

Seit meine Freundin Susanne einen Hund hat, kann ich sie nur noch zum Gassigehen treffen. Früher saßen wir uns in Kneipen gegenüber, schauten uns in die Augen, heute sehe ich sie ausschließlich im Profil, während wir jeweils eine Stunde – länger wäre schlecht für die Gelenke des Hundes – gehen. Wenn man sich bewegt, redet man über andere Dinge, als wenn man sich gegenübersitzt und in die Augen schaut. Aber für Susanne ist das natürlich praktisch. Und anders funktioniert es auch nicht, wie sie mir erklärt hat. Denn ein Treffen mit mir *und* die täglichen Gassis kann sie sich zeitlich nicht erlauben. Sie muss ja schließlich auch noch arbeiten, nicht wahr?

Gassigehen ist gesund, denke ich und mache mit. Susanne findet mein Gehtempo sehr angenehm. Neulich lief sie mit Mascha, und die ist ja dermaßen gerannt. Weil Mascha von dem Gassigehen auch was haben wollte, nämlich Fettverbrennung. Ich habe keine Ahnung, wer hier wen getroffen hat.

Ich kenne Leute, die verabreden sich zum Skifahren, um zwei Häkchen mit einer Klappe zu schlagen, wenn da nicht noch mehr abfallen. Manche treffen sich auch zum Wandern. Danach höre ich: Lieber wäre ich allein gegangen. Es wäre schöner gewesen, er hätte nicht so viel gequatscht. Tja, aber dann hätte es eben auch nur ein Häkchen gegeben. Ja, das ist wohl wahr, aber dieses Häkchen wäre garantiert auf der richtigen Liste nach oben geklettert.

Dass das keine Begegnungen sind, merken die Menschen danach, wenn sie sich seltsam leer fühlen, unwohl und gar nicht beflügelt oder bereichert nach dem Treffen mit dem Freund, der Freundin. Haben sie ihn überhaupt getroffen? Sind sie in Kontakt mit ihm oder ihr gekommen? Je mehr Programm absolviert werden muss, desto schwieriger ist das. Aber das wird dann oft der anderen Person untergeschoben. Peter ist irgendwie komisch, heißt es dann. Ja, aber man selbst ist es auch. Und irgendwann hat man sich vielleicht nichts mehr zu sagen, und das wäre dann furchtbar schade. Oder ist es die Wahrheit?

Häkchen auf der To-be-Liste sammeln Sie mit Menschen, bei denen Sie sich wohlfühlen.

Computerviren

Aber warum wird nun alles immer schneller? Warum verzichten wir nicht einfach auf die Technik, wenn wir doch wissen, dass sie schuld an unserer Zeitnot ist? Wer nach Antworten sucht, landet irgendwann bei den Publikationen des Soziologen Hartmut Rosa. Seiner These nach nutzen wir die Technik aus dem einfachen Grund, weil sie da ist. Und wo sie also schon mal da ist, nutzen wir sie leider nicht nur, sondern lassen uns auch noch von ihr anstecken. Angesichts der allgemeinen Beschleunigung, die die Technik ermöglicht, wollen wir selbst auch, dass alles immer schneller wird, damit wir endlich wieder Zeit haben. Was natürlich nicht funktioniert. Aber das glauben wir nicht und drücken noch mehr auf die Tube. Der Computer ist zu langsam; Fliegen bitte nur direkt, ohne Umsteigen; die Züge sollen schneller fahren. Alles, was wir als langsam empfinden, obwohl es bereits rast, wird als persönliche Beleidigung aufgefasst, weil es uns ja Zeit stiehlt, die wir reinholen müssen, weil alles schneller geworden ist, weshalb wir beschleunigen müssen, um mithalten zu können. Wer hat schon Zeit, diesen Satz noch mal zu lesen. Weiter! Schnell!

Der Mensch ist eine Schnecke. Er verliert das Rennen gegen die Technik. Für vieles, was heute möglich wäre, sind wir zu langsam. Der Mensch hat sich selbst aus dem Rennen geklickt, wird einverleibt von der Technik. Und wer treibt die Technik an? Wieder beißt sich die Katze in den Schwanz: Es ist der Mensch. Nicht ich oder Sie, sondern diejenigen, die die Wirtschaft lenken. Unternehmen konkurrieren heutzutage vor allem um Beschleunigung. Wer ist am schnellsten auf dem Markt, wer sichert sich die beste Startposition, wer ist vorne? Wer vorne sein will, muss Gas geben. Deshalb ist das Tempo ein entscheidender Faktor. Leider ist der Geschwindigkeitsrausch übergesprungen auf unser Privatleben, an das wir mittlerweile unternehmerische, wirtschaftliche Maßstäbe anlegen, als würden wir ebenfalls in einem ständigen Konkurrenzkampf stecken. Mama war gestern, heute ist sie Managerin. Aber auch mit Kollegen und Kolleginnen, mit Nachbarn, mit allen, alle gegen alle um die besten Plätze. Und das ist Dauerstress. Vergegenwärtigt man sich, dass die Hetze weitere Hetze nach sich zieht, wird auch der Teufelskreis sichtbar. Denn wenn die Aufgaben, die man erledigen möchte, nicht zu schaffen sind, verliert der Mensch den Überblick. Wie ein Ertrinkender kämpft er nur noch ums Obenbleiben, schnappt nach Luft. Schön ist das nicht. Zeitnot macht kurzatmig und kurzsichtig. Man hetzt hinterher, anstatt zu gestalten. Und selbst das raffinierteste Aufgabenlistensystem, von führenden Unternehmensberatern empfohlen, verschafft einem keine Sekunde mehr Zeit. Denn all diese Listen erfassen immer nur die äußere Zeit. Doch Hetze ist ein Gefühl. Es entsteht im inneren Takt, der inneren Lebensuhr, die einem deutlich sagt: Installier ein Hektikschutzprogramm, sonst tick ich aus.

Die schnelle Entschleunigung

Wer den Tachometer seines eigenen Lebenstempos im Auge behält, fährt besser. Wie schnell bin ich? Muss ich tatsächlich so schnell sein, oder bin ich so rasant unterwegs, weil ich es mir angewöhnt habe, weil alles um mich herum rast und ich glaube, mithalten zu müssen? Angenommen, jemand bekommt drei Monate Zeit für ein bestimmtes Projekt. Die Arbeitszeit ist so berechnet, dass man sich in den drei Monaten nicht langweilen, aber auch nicht stressen wird. Doch nun arbeitet der Auftragnehmer schneller. Er ist Freiberufler. Er denkt, wenn er es in zweieinhalb Monaten schafft, hat er zwei Wochen frei. Der Auftrag macht ihm Spaß, er arbeitet auch am Wochenende. Letztlich ist er nach zwei Monaten fertig und kann dann noch einen Eilauftrag annehmen, der eigentlich sechs Wochen dauern würde, aber er schafft ihn in vier. Unterm Strich hat er keinen einzigen freien Tag gehabt. Niemand hat ihn angetrieben. Er hatte nicht mal Geldnot. Er hat sich selbst beschleunigt. Und sich damit vielleicht viel von der Freude an der Arbeit genommen. Er arbeitet ja eigentlich gern. Man könnte sagen, er liebt seinen Beruf. Aber leider fackelt er ihn ab.

Und so wie er beschleunigen sich viele Zeitgenossen selbst. Wir zünden eine Stufe nach der anderen von unserer Rakete und schießen uns ins All, während wir von einem Urlaub auf der Erde träumen.

Man könnte sich selbst auch ernst nehmen. Man könnte die Verabredungen mit sich selbst zum Wochenende, zum Ausspannen, zum Nichtstun einhalten. Doch der

Sog des Tempos ist gewaltig. Da wird man schnell mitgerissen. Und das macht ja auch nichts, solange einem das gefällt. Das Blöde ist bloß, dass es einem eben irgendwann nicht mehr gefällt, aber deshalb wird ja nichts langsamer, es bleibt so schnell, weil man sich daran gewöhnt hat, weil alle so schnell sind, weil das heutzutage normal ist und weil man mithalten muss. Ein Lebenstempo zu finden, mit dem man sich wohlfühlt und den Ansprüchen der Umwelt genügt, ist eine Herausforderung. Das ist allemal besser, als vor vollendete Tatsachen gestellt zu werden durch eine psychische Überlastung, die einem klar signalisiert: Bis hierhin und keinen Schritt weiter. Dann kann man nämlich auch keine Schritte mehr unternehmen, um eine Kurskorrektur einzuleiten.

Auch Angestellte müssen immer schneller mit oft immer weniger Kollegen arbeiten. Da gibt es Abteilungen, in denen wurde das Personal um die Hälfte reduziert, obwohl doppelt so viele Kunden wie früher betreut werden. Und das bei einem Krankenstand von einem Fünftel.

Ich kann da keinen Gang zurückschalten!

Aber du bist krank! Du gehörst ins Bett.

Ich kann meine Kollegen nicht im Stich lassen.

Und so schleppt er sich zur Arbeit und durch sein Leben im Teufelskreis. Unternehmerische Sparmaßnahmen werden dank des aufrechten Charakters der Angestellten oder ihrer Angst vor Ersetzbarkeit durchgezogen. Langfristiger Unternehmenserfolg ist so nicht zu erreichen. Trotzdem ist es eine Tatsache, dass der Einsatz von Maschinen zu Arbeitsplatzabbau führt, auch wenn diese Maschinen dann wiederum neue Arbeitsplätze schaffen. Als sich im letzten Jahrhundert abzuzeichnen begann, dass Maschinen Menschen die Arbeit erleichtern könnten, glaubten manche, dass der Mensch bald wie im Paradies leben würde. Die Arbeit würde von den Maschinen erledigt. Doch was niemand bedachte, war, dass die Beschleunigung durch die Maschinen nicht auf diese beschränkt bleiben würde, dass sie auf unser menschliches Leben überschwappen würde. Sodass all die Erleichterungen letztlich nichts bringen.

Wenn man beruflich in hohem Tempo unterwegs ist, fällt das Zurückschalten auf gemächlich schwer. Man fühlt sich dann, als würde man stehen bleiben. Ein kleiner Elektroschock zur Entspannung gefällig?

BOXENSTOPP: NAGELPROBE NADELÖHR

Um durch das Nadelöhr zu passen, müssen Sie erst mal Tempo rausnehmen. Sonst schaffen Sie das nie. Das Nadelöhr ist die Nagelprobe. Nur wer verlangsamen kann, kommt durch. Nur wer begreift, dass der Wunsch nach Beschleunigung die Beschleunigung beschleunigt, wird wirklich etwas beschleunigen: Häkchen auf der To-be-Liste.

Als ich diesen Zusammenhang begriff, dachte ich mir, ich möchte nie wieder auf einen technischen Gegen-

stand schimpfen, der zu langsam ist. Nein, ich werde ihn loben. Er soll mich daran erinnern, dass ich nicht noch schneller werden will.
Vielleicht funktioniert es auch anders herum. Vielleicht muss einfach mal jemand anfangen. Ich werde langsamer, und alles um mich herum passt sich an, wie wäre das? Das funktioniert doch auch im Umgang mit anderen Menschen. Es gibt ja solche Zeitgenossen, die sehr langsam sprechen, gehen, sie wirken irgendwie so bewusst. Im Zusammensein mit ihnen werde ich langsamer. Und es tut gar nicht weh. In Trainings lernen Verkäufer, sich dem Tempo ihrer Kunden anzupassen, um einen Abschluss erfolgreich unter Dach und Fach zu bringen.
Nun möchte ich zwar nicht, dass mein Computer noch langsamer wird, aber bisher zeigte er sich ohnehin recht stur, was die Beeinflussung durch mich betraf. Immer war er es, der mich manipulierte. Ich regte mich über ihn auf, nicht umgekehrt. Wir träumen von Orten der Stille und Ruhe, die wir aber gar nicht aushalten würden mit diesen Geschwindigkeiten im Kopf. Betrachte das Nadelöhr. Überlege, was passiert, wenn du zu schnell bist. Es könnte ins Auge gehen.

Ich wohne nicht nur im Funkloch, sondern auch noch ohne DSL. Wenn dieses Buch erscheint, wird sich das geändert haben. Im Moment surfe ich ohne DSL. Manchmal dauert es lange, bis sich eine Website aufgebaut hat. Ich fluche jetzt nicht mehr. Ich schaue mir das Ganze an und halte es aus, und mehr noch: Fühle mich ein klein wenig wie eine Revoluzzerin. Und wenn ich vor einer

Ampel warte und die roten Köpfe in den Wagen um mich sehe, nicke ich gemächlich. Auch das halte ich aus, ohne zu platzen, und mehr: Ich genieße es. Denn ich habe das Spiel durchschaut. Ich habe mir nichts ausgedacht, um diese Zwangspausen zu nützen. Ich mache kein Beckenbodentraining vor roten Ampeln oder atme bewusst, während sich eine Seite aufbaut. Ich bin einfach da und schaue. Manchmal geht mir etwas durch den Kopf, manchmal auch nicht. Es ist recht entspannend. Ich kann es wärmstens empfehlen.
Werden Sie hellhörig: Wie oft gehen Sie sich selbst auf den Leim, indem Sie das Tempo erhöhen, ganz ohne Not? Sie holen noch schnell das Salz, kopieren das Papier noch schnell, gehen noch geschwind Hände waschen, rufen noch kurz irgendwo an. Wann immer Sie Wörter wie *schnell, kurz, geschwind, eben mal* und so weiter aussprechen, tun Sie doch mal das Gegenteil, um ein Gefühl dafür zu bekommen, wie Sie selbst unnötig Druck aufbauen. Und wenn Sie es merken, bevor Sie es aussprechen, sagen Sie stattdessen ein anderes Wort. Langsam oder mit Muße oder allmählich. Oder gar nichts. Und wann immer Sie ein *Schnell* entlarvt haben, können Sie ein Häkchen auf Ihrer To-be-Liste verbuchen. Sie sind aufmerksam. Sie achten auf sich. Sie sind online mit sich selbst. Und Sie sind nicht allein. Alle Menschen wollen ein gutes Leben führen, und wenn man diejenigen fragt, die über Zeitnot klagen, was sie vermissen, so antworten sie: Zeit mit Partner/Familie verbringen, Zeit für mich selbst, Sport, Lesen, Hobby, Weiterbildung, Chillen.

Ruhezonen und Rauchzeichen

Lesen gehört zu meinen Lieblingsbeschäftigungen. Leider lese ich viel zu wenig, zu selten und oft Bücher, die ich für mich selbst nicht unbedingt lesen müsste. Ich recherchiere oder … halte mich *auf dem Laufenden,* das sich fürs nächste Kapitel schon mal warmläuft. Ich lese auch oft Bücher, die ich nicht gut finde. Das weiß ich gleich von Anfang an. Aber ich lese trotzdem weiter. Das Buch ist neu, es ist dünn, man sollte es kennen. Die wirklich guten Bücher meiner Lieblingsautoren sind alt, dick, und man liest sie nicht mal so eben schnell an einem Abend. Da tun sich Welten auf. Die fordern was von mir. Meine Zeit wollen sie haben. Und wenn ich mir die genommen habe, werde ich immer langsamer. Lese manches zwei-, dreimal. Denke darüber nach. Und wenn ich dann wieder auftauche, hat sich mein Tempo beruhigt. Aber am Anfang musste ich durchhalten, reinkommen.

Wenn Sie die Autobahn verlassen, erscheinen Ihnen 60 Stundenkilometer, als würden Sie schleichen. Wenn Sie den ganzen Tag nur innerstädtisch unterwegs waren, sind 60 Stundenkilometer endlich mal eine Geschwindigkeit, bei der man von der Stelle kommt. Tempo ist Gewohnheitssache, man kann es anpassen, rausnehmen, beschleunigen. Wer mit dem Tempo spielt, ist lebendig. Wer mit derselben Geschwindigkeit durch alle Straßen seines Leben zischt, fährt mit Autopilot. Und der ist auf Erledigen und Abhaken programmiert. Nie scheint es genug zu sein! Kaum ist ein Häkchen gemacht, wachsen zwei neue nach.

Alle leben so. Da muss man mithalten. Sonst wird man überholt.
Und dann?
Ist man hinten. Sieht nur noch die Rücken der anderen.
Und dann?
Sind sie weg.
Und dann?
Kann ich bitte einen Elektroschock haben, nur einen ganz kleinen?

Im Wald gibt es Ruhezonen für das Wild. Es gibt auch Ruhezonen im öffentlichen Leben, Bereiche, in denen Handys verboten sind, Räume, in denen nicht gesprochen werden sollte. Trotzdem werden viele Menschen nicht artgerecht gehalten. Es gibt in Deutschland ein Arbeitszeitgesetz, in dem auch die Ruhezeiten geregelt sind. Doch Computer schlafen nie. Und so ruhen auch die Menschen immer weniger, was sogar auf ihre Haustiere überschwappt. Hundetrainer berichten von Stresssymptomen bei den treuen Vierbeinern. Viele Hunde kommen nicht mehr zu ihrem gesunden sechzehn- bis achtzehnstündigen Schlaf pro Tag, weil sie ständig aktiv sein müssen. Hundesport, Mantrailing, Fährtentraining, Agility. Sie erleben, was viele Kinder (oft werden sie ja ähnlich gefordert und gefördert) schon längst durchexerzieren. Keine Zeit zum Spielen, Träumen, Dösen. Frauchen und Herrchen stehen unter Strom, da muss der treue Begleiter mit und fetzt hinter der Frisbeescheibe her, stets die Konkurrenz im Blick, damit Frauchen und Herrchen zufrieden sind. Manche Hun-

detrainer sagen, das sei gegen den Tierschutz. Und wie ist es um den Menschenschutz bestellt, der gelegentlich nur mit gesundheitsgefährdenden Einrichtungen gewährleistet werden kann?
Manche Ruhezonen vernebeln sich als Raucherzonen. Zuweilen frage ich mich, wie viele Leute nur aus dem Grund rauchen, damit sie sich hin und wieder mal ausklinken können. Denn wenn man sagt, man geht mal eine rauchen, ist man vielleicht ein Süchtling. Aber die Pause wird einem gegönnt. Man kann nicht anders. Man ist abhängig. Wenn er seinen Nikotinspiegel angehoben hat, kann er sich auch wieder besser konzentrieren.
So sollten Sie es auch machen. Sagen Sie, dass Sie eine rauchen gehen. Oder, wenn Sie sich trauen, sagen Sie, dass Sie den Kopf lüften wollen. Und dann gehen Sie raus, um ein Loch in die Luft zu schauen.

Je schneller wir unterwegs sind, desto mehr übersehen wir, rasen an Schlupflöchern, groß wie Scheunentore, vorbei und behaupten: Da war nichts. Sicher gibt es eine Strecke, die Sie sehr oft mit dem Auto fahren. Parken Sie mal *schnell eben* am Straßenrand und steigen Sie nur mal *ganz kurz* aus. Gehen Sie eine Weile. Langsam. Schauen Sie genau, was sich am Straßenrand befindet. Ganz genau. Noch genauer. Entdecken Sie den Kosmos in diesem Stück. Vergegenwärtigen Sie sich, an wie vielen solcher Teilabschnitte Sie täglich vorbeifahren. Was Sie nicht sehen können, weil Sie so schnell sind. Sie müssen das nicht sehen wollen. Aber Sie sollen wahrnehmen, dass da noch etwas anderes existiert. Zuwei-

len blüht in diesem anderen dann tatsächlich ein kostbarer Moment auf, den Sie bei hohem Tempo glatt überfahren hätten.
Das hohe Tempo kann auch in den eigenen vier Wänden die Herrschaft übernommen haben. Eine Freundin von mir hat geputscht. Alles begann damit, dass der Kaffeeautomat eines Morgens nur noch röchelte. Katastrophe! Denn vor der ersten Tasse Kaffee ist meine Freundin, so sagt sie, eigentlich noch kein Mensch. Da fiel ihr der Porzellankaffeefilter ihrer Tante Elfriede ein. Aus Nostalgie hatte sie den aufbewahrt. Sie fand auch eine Kaffeekanne, und es gab noch eine einzige Filtertüte im Haus. Ein Zeichen! Sie kochte Wasser, und dann brühte sie den Kaffee auf. Genauso, wie es ihre Tante gemacht hatte. Nicht zu viel auf einmal in den Filter gießen, das Pulver muss schäumen. Sie schaute es sich genau an. Da entstand eine Landschaft im Kaffeepulver. Berge und Seen, und dann fiel ihr ein, dass es Leute gibt, die im Kaffeesatz lesen. Sie kaufte sich keinen neuen Kaffeeautomaten, davon ausgehend, dass man den defekten ohnehin nicht reparieren könnte, denn zur Beschleunigung gehört auch die Beschleunigung des Verfalls und Konsums, Stichwort geplante Obsoleszenz. Sie kaufte sich Kaffeefilter. Sie steht nun fünfzehn Minuten früher auf, brüht Kaffee und trinkt ihn nicht mehr im Stehen, sondern im Sitzen. Ihre Tage, sagt sie, beginnen anders. Und deshalb enden sie auch anders. Ein To-be-Häkchen am Morgen vertreibt Kummer und Sorgen!

Gute-Nacht-Häkchen

Was war heute schön? Wann war ich ganz präsent in einem Augenblick? Was habe ich wahrgenommen? Wo habe ich deutlich gespürt, dass ich am Leben bin? War ich einmal richtig zufrieden mit mir? Welche Begegnungen mit anderen Menschen hatte ich? Die Frau beim Einkaufen, die mir zugelächelt hat. Die kleine heiße Hand von Yasmin in meiner. Ich habe *nicht* aufgeräumt. Die Supermusik heute im Radio bei der Heimfahrt. Es war mir egal, was die Kollegen von mir denken, ich habe pünktlich Feierabend gemacht. Ich habe mir eine Sonnenblume gekauft. Und sie dann doch lieber weiterverschenkt. Jetzt habe ich das Gefühl, sie gehört mir für immer.

Häkeln Sie sich eine Decke, unter der Sie gut schlafen, vielleicht mit Perlen aus allernormalsten Nullachtfünfzehntagen. Schon bald werden Sie feststellen, dass Ihre Lebenszufriedenheit wächst und Sie weniger gestresst sind. Sie brauchen nicht ständig im Höllentempo nach brandneuen Erfahrungen und Produkten zu fahnden. Sie können auch mal entspannen. Und das nigelnagelneu, Tag für Tag. Bevor Sie das als Unsinn verwerfen, sollten Sie es mal ausprobieren. Es ist gesünder als ein Elektroschock.

Ja, auch dafür brauchen Sie Disziplin, wie bei Ihrem Kopfkino, das Sie anhalten und verändern können. So oft übertragen Sie Eigenschaften aus Ihrem Berufsleben in Ihr Privatleben, die dort nichts zu suchen haben. Disziplin ist eine Eigenschaft, die Sie hervorragend nutzen können, um schöne Momente zu erkennen und auszuhalten. Wenigstens so lange, bis sich eine schöne Gewohnheit gebildet hat. Zufrieden schlafen Sie ein. Zufrieden wachen Sie hoffentlich auf. Auch im Traum können Sie Häkchen für Ihre To-be-Liste sammeln.

Warten ist eine Blumenwiese

Nun ist es ja nicht so, dass es im Alltag keine Pausen gäbe; das Gegenteil ist der Fall. Es gibt zu viele, wann immer wir auf etwas warten. Die meisten Leute sind völlig gestresst, wenn sie warten müssen, weil sie ja keine Zeit haben. Und jetzt auch noch das! Man könnte Warten auch nutzen wie ein Geschenk, weil sich plötzlich und unverhofft ein Zeitloch auftut. Aber klar, es ist die falsche Zeit, es ist eine aufgezwungene Pause, eine schikanöse Verzögerung. Wo kann ich mich beschweren? Wer trägt die Verantwortung?

Alles Einstellungssache! Wer nur auf sein Ziel starrt, für den ist Warten unangenehm. Wer den Weg als Ziel wahrnimmt, kann Warten willkommen heißen. Warten ist für viele Leute eine Form von Folter. Da bricht der blanke Hass los auf diese blöde Kuh in der Kassenschlange, den Idioten an der Tankstelle, muss der jetzt auch noch jeden Tropfen einzeln rausschütteln? Betrachtet man das mit einem gewissen Abstand, ist es absurd. Wartesituationen sind blühende Zeitwiesen. Gerade hier können Sie bunte Häkchensträuße für Ihre To-be-Liste pflücken. Probieren Sie es doch mal aus! Wann immer Sie warten, sagen Sie sich: Toll! Geschenkte Zeit.

Und jetzt?
Jetzt sind Sie dran!
Das ist keine leere Seite, das ist Ihre Häkchenwiese. Man kann sich auch einfach reinlegen, genießen, die Augen an der buchstabenfreien Zone weiden.

AUF DEM LAUFENDEN BLEIBEN?

Auf dem Laufenden zu bleiben – und anders geht es heute gar nicht mehr – bedeutet, dass man selbst ständig läuft. Sonst würde einem das Laufende ja davonlaufen. Das Laufende mag früher mal ein gemütliches Tempo angeschlagen haben, heute ist das Laufende in Lichtgeschwindigkeit unterwegs, auch nachts, wie man sieht, wenn man durch Städte fährt und es hinter den Fenstern der Häuser flimmert.

Früher konnte man auf dem Laufenden bleiben, indem man beispielsweise eine Berufsausbildung machte und hin und wieder eine Fachzeitschrift las, gelegentlich an einer Fortbildung teilnahm. Das Laufende bezog sich häufig auf die eigene Region, das eigene Land. Heute wird global gelaufen. Und außerdem gegeneinander. Denn alle anderen wollen oder müssen ja auch auf dem Laufenden bleiben, und so rennt man dem Laufenden nach und mit den anderen Laufenden um die Wette. Stehenbleiben geht nicht, es ist auch nicht möglich, sich mit anderen zu unterhalten, um zum Beispiel gemeinsam zu beschließen, dass sich jetzt alle mal hinsetzen, weil alle hecheln und keine Luft mehr kriegen. Man darf auch niemals zugeben, dass man nicht mehr kann, sonst ist man raus aus dem Rennen. So wird weiter gejagt; gedrosselt wird da kein Tempo, gedrosselt wird die private Zeit, immer enger und länger werden die Hälse.

Es gibt auch immer mehr Bereiche, in denen man auf dem Laufenden bleiben soll, muss oder möchte. Man ist nie, nie, nie fertig. Es ist nicht mehr wie im Kinderparadies: Schule aus, Mittagessen, Hausaufgaben, frei. Der Rest des Tages gehört mir. Manche Leute haben das Gefühl, alle ihre Tage wurden enteignet. Es gehört ihnen gar nichts mehr. Aber da muss man durch, so ist das nun mal. Und das muss ich mir auch noch raufschaffen, sonst stehe ich da wie der letzte Depp. Ich sollte mir wenigstens so viele Informationen anlesen, dass ich mir eine Meinung bilden kann. Aber wie soll das gehen bei all den komplexen Themen? Der allgegenwärtige Druck führt dazu, dass man sich nie auf Erreichtem ausruhen kann. Es geht immer weiter. Die berufliche Laufbahn ist nie gesichert, ständig muss man neue Herausforderungen bestehen. Alles ist unsicher, es gibt keine Lebensstellung mehr, und wer von der Lehre bis zur Rente in derselben Firma arbeitet, gehört bald ins Museum. Die Versprechen, auf die sich unsere Eltern und Großeltern verließen – für die Ausbildung sorgt Vater Staat, mit etwas Fleiß kann es jeder zum Mercedes bringen –, haben ihre Gültigkeit verloren. Man muss sich um sich selbst kümmern, sonst bleibt man auf der Strecke. Heute bin ich angestellt, morgen Trainee, übermorgen selbstständig, dann Dauerpraktikant, arbeitslos, mein eigener Chef, Teilzeitkraft, Leiharbeiter – alles ist möglich. Nicht nur in unserem Leben. Auch weltpolitisch kann man sich auf immer weniger verlassen.

Und überall offene Fragen. Die Zukunft ist kein Ort der Hoffnung mehr, manchmal macht sie Angst. Was erwartet uns? Wie sollen wir uns verhalten? Welcher ist der richtige Weg?

Das alles verunsichert mich. Ich kenne mich nicht mehr aus, es ist zu viel. Ich schaffe es nicht, einen Überblick zu gewinnen. Das Wasser steht mir jetzt schon bis zum Hals, und ich habe noch nicht mal die Hälfte von dem erledigt, was ich tun sollte. Ich müsste mich zweiteilen, nein, das genügt nicht, ich soll ja auch noch dies und jenes erledigen, und für was hat man Kinder, wenn man nie was mit ihnen unternimmt. Man müsste sich mindestens vierteilen, um allem, was so läuft, hinterherlaufen zu können.
Viergeteilt ist das Leben jetzt aber nicht mehr wirklich schön. Und man wird noch unsicherer, denn man ist nur noch eine Viertelperson, wenn auch mal vier. Und dann gibt es da auch noch ein paar Dinge, die laufen nicht, die bleiben stehen und warten womöglich auf einen. Aber man war wieder so schnell unterwegs, dass man glatt vorbeigerannt ist.
Wieso bloß, kann man sich fragen, machen wir das mit? Wieso haben wir die Maxime der Wirtschaft – Leistung, Wachstum, Wachstumsbeschleunigung, was sogar per Gesetz verankert ist – nicht nur beruflich wie Lämmer zur Schlachtbank verinnerlicht, sondern auch in unser Privatleben aufgenommen? Was hat Leistung in meinem Privatleben zu suchen? Mein Vorgarten, mein Haus, mein Auto, alles tippi-toppi. Immer gut gelaunt, aktiv, sportlich. Hin und wieder eine kleine Schwäche zugeben. Das macht uns schließlich menschlich. Und dabei fällt im Übrigen auch ein Häkchen ab: Habe einen guten Eindruck bei den Nachbarn hinterlassen, als ich den Igel von der Straße rettete.

Der zerhackte Spagat

Was ist schon ein Spagat? Bisschen Grätsche, wo ist da die Herausforderung? Spagat können viele, man kann ihn im hohen Alter noch lernen. Und früher hat man ihn vielleicht auch gebraucht. Besonders als berufstätige Mutter. Frauen sind ohnehin biegsamer als Männer, da redete keiner drüber. Heute müssen sogar Männer in den Spagat, und da knirscht es dann, in den Gelenken und im Gebälk. Auch die Familie muss den Spagat schaffen, der Freundeskreis, alle miteinander auf die Streckbank. Und ein Spagat reicht ja gar nicht mehr aus. Heute spannt man sich (freiwillig!) in den Schraubstock, dreht zu, spreizt auf, um sich mindestens zu zweiteilen, besser vierteilen, noch besser achteln, um all das machen zu können, was man möchte und muss oder muss und möchte, na, was eben ansteht. Und das können wir ja auch. Teilen ist heute kein Problem. Machen wir bei Facebook ständig. Das ist immer an. Ich sag mal, ein Achtel von mir ist mit einem Ohr in meinen sozialen Netzwerken.

Also hat ein Achtel von dir ein Ohr, und wie teilen sich dann die anderen sieben Achtel das restliche Ohr?

Wie bitte?

Ach, du kannst mich nicht verstehen. Ich verstehe.

Wozu braucht man auch ein Ohr. Und irgendwie ist es doch auch geil, was man alles schaffen kann, wie viel man mitnehmen, ausschöpfen, herausholen kann, und übers Wochenende noch schnell nach London. Ich bin gleichzeitig Physiotherapeutin, Ehefrau, Chauffeurin, Künstlerin, Köchin, Hausbesorgerin, Steuerberaterin,

Bürofachkraft, Tochter, Freundin – da fallen viele Häkchen an. Ich könnte auch beschließen, mir für jeden einzelnen Stachel des Igels, den ich von der Straße gerettet habe, ein Häkchen zu verleihen. Das weiß doch keiner. Ich allein bestimme, wo ich ein Häkchen mache, was ein Häkchen wert ist.
Haben Sie das gehört? Dazu reicht auch ein Ohr.
Bitte noch mal. Sie allein bestimmen, wo Sie ein Häkchen machen.
Sie sind die Chefin der Häkchen. Dann lassen Sie Ihre Mitarbeiter doch mal antanzen und schauen Sie sich genau an, was die so treiben. Vielleicht brauchen Sie Hilfe und holen eine Häkchenberatung ins Boot. Und dann wird gekündigt, umstrukturiert, neu gestaltet.

Die Häkchenberatung

Werfen Sie einmal einen kritischen Blick auf Ihre Häkchenvergabe. Wo sitzen die Häkchen bei Ihnen locker? Wofür geben Sie sich gern welche? Was verlangen Sie von sich selbst? Wo geben Sie ein Häkchen aus für eine Sache, die in einem anderen Licht betrachtet gar kein Häkchen bekommen dürfte?
Ich war fix und fertig und habe trotzdem noch …
Eigentlich hat mir alles wehgetan, aber ich hab die Zähne zusammengebissen …
Wenn ich es nicht mache, bleibt es liegen …

Es gibt Filme, die verleiten zu solchen falschen Häkchen. Es sind sogenannte Heldenhäkchen, die aber lieber als Heldenhaken bezeichnet werden, weil Helden ja keine Chens sind, sondern ganze Kerle. Doch leider wird oft vergessen, dass Herr Willis, Herr Hanks, Herr Schwarzenegger, Herr Pitt, Herr Stallone und so weiter einen Stab von Mitarbeiterinnen und Mitarbeitern beschäftigen, die dafür sorgen, dass es um sie herum nur so flutscht vor Chens. Davon abgesehen lassen sie sich den Heldenhaken auch teuer bezahlen. Als normaler Mensch brauchen wir keine Heldenhaken, zumal wir es in der Regel selbst sind, wenn hier jemand teuer bezahlt. Wir bezahlen mit Bandscheibenvorfällen, Panikattacken, nervösen Leiden, einer Scheidung und anderen Ereignissen, die man nicht haben möchte. Daran sehen wir deutlich, dass Heldenhaken Lüge sind. Trotzdem bin ich Bruce Willis dankbar, dass er die Welt rettet, denn – wie er selbst schon in seiner Rolle sagt: »Wenn ich es nicht mache, wer soll es sonst machen. Es gibt ja keinen anderen, Baby.«

Auch im Alltag gibt es Helden, die scheinen unbeeindruckt von Tempo und Stress zu sein, immer gut gelaunt, und sie zeigen einem deutlich, dass man ein Versager ist. Man läuft tatsächlich Gefahr zu versagen: wenn man sich mit anderen vergleicht. Das kostet viel zu viel Zeit, die man auch schöner gestalten könnte.
Die Häkchenvergabe ist individuell. Wenn einer ein Häkchen auf der To-be-Liste fürs Joggen bekommt, kann ein anderer eines bekommen für Joggen-ausfallen-Lassen. Viel zu oft bewerten wir unsere Erfahrungen, indem wir sie mit anderen vergleichen. Und das mindert

unsere Zufriedenheit. Der eigene Teller ist randvoll, und dennoch schielen wir nach dem des Nachbarn. Was bringt das? An allen Fronten nur miese Gefühle. »Das Vergleichen ist das Ende des Glücks und der Anfang der Unzufriedenheit«, warnte der Philosoph Søren Kierkegaard.

Die Häkchen auf der Liste sind alle für Sie selbst. Erst mal. Und dennoch sind Sie nicht egoistisch, denn wenn es Ihnen gut geht, wird es auch allen Menschen, die Sie schätzen und mögen und an denen Ihnen wahrscheinlich ebenso viel liegt, besser gehen. Sie machen sich weniger Sorgen um Sie. Und gleichzeitig bewundern sie Sie vielleicht oder nehmen Sie als Vorbild. Weil Sie vorleben, wie man aktiv *und* entspannt sein kann. Weil Sie eine gute Ausstrahlung haben. Weil man sich in Ihrer Gegenwart wohlfühlt. Weil Sie die Balance in Ihrem Leben gefunden haben. Bloß eben nicht zwischen Work und Life – sonst wäre die Work ja kein Life.

BOXENSTOPP: IM SCHLÜSSELLOCH

Ich gebe mir ein Häkchen, wenn ich eine Aufgabe, die ich eigentlich tun will, abgelehnt habe. Wenn ich länger im Bett geblieben bin, obwohl ich gerade am Samstag früh rauswollte, weil ich so viel zu erledigen hatte. Ich gebe mir ein Häkchen, weil ich mir die Zeit genommen habe, ein Stück Kuchen zu genießen in einem Straßencafé; da habe ich einfach angehalten und bin reingegangen. Von der Sonnenterrasse aus habe ich die Leute beobachtet.

Ich gebe mir ein Häkchen, weil ich den Fernseher nicht eingeschaltet habe, sondern Musik gehört habe. Ich gebe mir ein Häkchen, weil ich pünktlich Feierabend gemacht habe, obwohl ich noch gut und gerne ein, zwei Stunden hätte dranhängen können. Und weil ich das neue Projekt nicht einfach zugesagt, sondern mir eine Bedenkzeit erbeten habe. Ich gebe mir ein Häkchen, weil ich eine Bahn sausen ließ, um mich mit der alten Dame zu unterhalten. Und weil ich in meinen Terminkalender mindestens einmal in der Woche das Wort »Ich« eingetragen habe. In dieser Zeit werde ich etwas nur für mich tun, egal, was es ist. Und das ist ein Termin mit roter, höchster Priorität.

Ich gebe mir ein Häkchen, weil ich trotz Manuskriptabgabefrist meiner Freundin beim Umzug geholfen und beim Gassi mit dem Hund keine Mails gecheckt habe, sondern Stöckchen geworfen. Und ich gebe mir ein Häkchen, weil ich am Telefon zugehört habe, *nur* zugehört, anstatt aufzuräumen oder irgendwas zu googeln.

Ich belobige mich, wenn ich ein vernünftiges, kein aberwitziges Pensum geschafft habe. Ich klopfe mir mit einem Häkchen auf die Schulter, wenn ich meine Bedürfnisse befriedigt habe, nicht die Ansprüche, von denen ich glaube, dass andere sie an mich stellen, die mir längst nicht so nah stehen wie ich selbst. Denn wenn ich Zahnweh habe, merken die das nicht.

Zusammenfassend stelle ich fest, dass meine Häkchen auf der To-be-Liste oft etwas mit – beschönigend ausgedrückt – Rebellion zu tun haben. Ich funktioniere dann einfach nicht. In diesem schicken Scheitern tanke ich auf.

Es gibt natürlich auch Häkchen, die buche ich unter Muße ab. Dazu gehören viele Löcher, die ich in die Luft geschaut habe, Momente des Innehaltens im Alltag, alles, was nicht zielorientiert ist. Denn … muss das Leben eigentlich zielorientiert verlaufen wie ein geschäftliches Projekt? Was ist das überhaupt, das Ziel des Lebens? Reicht das gute Leben nicht aus? Der Weg ist das Ziel. Ich lasse gern einen zweiten Philosophen zu Wort kommen in diesem Kapitel: »Von einem, der spazieren geht, kann niemand behaupten, er mache einen Umweg.« Das hat Arthur Schopenhauer herausgefunden.

Neue Häkchen kehren gut! Und sie kehren auch zusammen, was zusammengehört, sodass alle Viertel und Achtel wieder einkehren können in einem Haus und an einem Strang ziehen: Ich. Denn bei aller Begeisterung über Multitasking und Multimedia, Multimilliardäre und Multivitamine – ein Achtel kann auch nur ein Achtel fühlen. Und das ist der Grund, warum gar keine andere Möglichkeit besteht, als den Autopiloten einzuschalten. Der kennt den Weg, der macht das, da muss ich nichts spüren. Sonst würden wir niemals irgendwo ankommen. Der Autopilot ist also die Lösung und zugleich die Wurzel vielen Übels. Denn was wir automatisch machen, das fühlen wir nicht vollständig. Sobald wir bewusst wahrnehmen, spüren, empfinden wir uns als lebendig. Was wir nicht spüren, prägt sich uns auch nicht ein. Wieso sollen wir also mit dem Autopiloten durch die Gegend rasen, wenn wir gar nichts davon haben? Außer Häkchen, und die womöglich auf der falschen Liste.

Wann waren Sie zuletzt irgendwo wirklich da, wo Sie sich körperlich befanden? Also nicht in Gedanken woanders. Sondern einhundert Prozent präsent, anstatt mit einem Viertel oder Achtel oder mal eben schnell kurz flüchtig irgendwie?
Schauen Sie sich diese Erinnerungen genau an. War es laut um Sie herum? War da viel los, oder war es ein eher stiller Moment?
So kommen Sie auf eine erste Häkchen-Fährte.
Bei vielen Menschen tauchen übrigens Momente der Stille auf, wenn sie sich an etwas besonders Schönes erinnern. »Die größten Ereignisse«, schrieb Friedrich Nietzsche, der Dritte im Bunde der Philosophenrunde, »das sind nicht unsere lautesten, sondern unsere stillsten Stunden.«

Tagsüber haben wir eine Fahrradtour gemacht, und dann saßen wir noch im Garten. Es war egal, dass das Geschirr in der Küche stand, wir sind einfach draußen sitzen geblieben.

Ich habe gesehen, dass niemand in der Schrebergartenkolonie die Holunderbeeren am Kiosk erntet, und mal gefragt. Ich hatte eigentlich überhaupt keine Zeit, aber die Beeren waren genauso dunkel, wie sie sein mussten, um wirklich gute Marmelade zu machen. Ich hatte noch nie selbst Marmelade gemacht, aber als kleines Mädchen meiner Mutter geholfen. Und dann schnitt ich zwei Eimer Dolden. Allein das Wort war ein Dorado für mich. Ich zupfte drei Stunden Beeren von den Dolden und kochte dann zum ersten Mal in meinem Leben Marmelade ein. Ich war wahnsinnig glücklich dabei. Es kamen acht Gläser zusammen, und irgendwie steckt in den Gläsern Glück, ich kann es nicht anders sagen, obwohl man natürlich auch behaupten könnte, dass diese Aktion eine wahnsinnige Zeitverschwendung war. Marmelade kann man schließlich kaufen, und in meiner ist auch sehr viel Zucker drin, ich habe gestaunt, wie viel. Und ich bin ja keine Hausfrau, die sich langweilt, sondern führe eine Werbeagentur mit achtzehn Mitarbeitern. Warum rechtfertige ich mich eigentlich? Es war einfach schön. Wunderschön und Punkt.

Ich stand vor unserem Haus, ich war mit dem Fahrrad von der Arbeit gekommen. Durch das offene Fenster hörte ich das Lachen meiner Frau. Sie telefonierte. In diesem Moment wurde mir schlagartig bewusst, wie schön mein Leben ist, und ich war sehr dankbar für alles.

Es war im Frühsommer. Wie immer hatte ich es sehr eilig. Und wie immer war ich auch ziemlich schnell unterwegs. Vor mir bog ein Wagen ab. Ich musste warten und sah aus den Augenwinkeln etwas im Gebüsch. Es war ein junger Vogel, und irgendetwas stimmte mit seinem Flügel nicht. In diesem Moment wusste ich, dass ich diesen Vogel, wenn ich jetzt weiterfahren würde, nie mehr vergessen würde. Ich habe nämlich mal als Jugendlicher im Urlaub einer kleinen Katze nicht geholfen, obwohl es kein Problem gewesen wäre. Ich hätte sie einfach mitnehmen und in einem Tierheim abgeben sollen. Diesmal habe ich angehalten, und es ist mir irgendwie gelungen, den Vogel einzufangen. Meine Frau hatte da schon die Telefonnummer des nächsten Tierarztes für mich herausgesucht. Dorthin brachte ich die junge Krähe. Ich habe mich später noch mal erkundigt. Sie kam zu einer Frau, die sie aufpäppelte und später auswilderte. Ich muss sagen, dass ich mich an diesem Abend richtig gut fühlte. Ich hatte etwas Sinnvolles getan. Ich weiß, dass es Leute gibt, die Krähen nicht mögen. Wenn ich welche sehe, frage ich mich: Ist sie dabei?

Ich bin am See gelegen und habe ein Buch gelesen. Wenn der Wind durch den Baum gestreift ist, unter dem ich lag, haben die Blätter ausgesehen, als würden sie lachen.

In meinem Nachbardorf hat ein Biobauer seinen Hof, der führt die Kühe morgens und abends auf die Weide. Dazu laufen sie auf der Hauptstraße durchs Dorf. Autofahrer müssen warten. Manche kriegen dabei einen halben Tobsuchtsanfall. Nachdem ich den auch einmal hatte und mich über mich selbst schämte, freue ich mich nun immer, wenn die Kühe kommen. Es sind fast zwanzig Stück. Sie haben alle Hörner, man hat sie ihnen nicht schmerzhaft abgebrannt. Gemächlich trotten sie Richtung Stall, bleiben mal stehen, umschlingen ein paar besonders schmackhafte Gräser mit ihren langen rauen Zungen. Manchmal schaut eine neugierig ins Auto. Ich schalte immer den Motor aus. Es ist eine Bereicherung, so etwas miterleben zu dürfen, und ich freue mich, dass die Kühe nicht den ganzen Tag in einem dunklen Stall stehen müssen. Dafür warte ich gern.

Als ich aus dem Supermarkt kam, regnete es in Strömen. Da sah ich die ältere Dame ohne Schirm. Sie wirkte irgendwie bedürftig. Ich hatte es nicht weit bis zu meinem Wagen und schenkte ihr meinen Schirm. Sie starrte mich an, als wäre ich eine Erscheinung, und sagte dann: Sie schickt der Himmel.

Plötzlich stand die Katze vor der Tür. Ich habe ihr ein Schälchen Milch gebracht, ihr beim Trinken zugesehen und mich dann eine Weile neben sie gesetzt. Sie hat sehr laut geschnurrt. In diesem Moment war die Welt perfekt.

Das alles hat sich gut angefühlt, wobei wir in dem Moment vielleicht gar nicht gemerkt haben, wie gut. Denn wir waren ganz da und haben nicht darüber nachgedacht, ob das ein Häkchen-Moment sein konnte. Wir waren perfekt. Einhundert Prozent.
Und wie, rein rechnerisch, soll man mit einem Achtel hundert Prozent kriegen?

Wegen Inventur geschlossen

Mit Erlebnissen wie den eben geschilderten klebt man sich wieder zusammen. Wie sieht er aus, Ihr Klebstoff? Kennen Sie seine Duftnote? Was ist es, was Ihnen das Gefühl gibt, am richtigen Ort und vollständig zu sein, sodass alles stimmt? Was brauchen Sie dazu? Nein, keinen Südseeurlaub. Und auch kein Fünfsternelokal. Etwas aus dem Alltag. Jeder Mensch kennt das. Oft ist es die Tasse Kaffee. Das Sofa. Kleine Gemütlichkeiten. Im Grunde genommen sind wir Menschen bescheiden und schnell zufrieden, wenn wir es nur sein dürfen, wenn man uns lässt und uns nichts einflüstert. Wenn wir uns selbst lassen und auch mal was sein lassen.
Wie wäre das, wenn Sie jeden Tag eine Unliebsamkeit weglassen würden? Bei jedem Menschen gibt es ein

paar Dinge, die müssten nicht sein. Auch wenn Sie sich nicht überfordert fühlen. So würden Sie Prophylaxe betreiben, Gesundheitsvorsorge. Stehen bleiben, verweilen, das ist der Sport, mit dem Sie einer Häkchenerkrankung vorbeugen können. Wo in Ihrem Gehirn befinden sich die gemütlichen Sofaecken? Man fläzt sich rein und denkt nicht zielorientiert über irgendwas nach, sondern lässt die Gedanken herumspazieren. Ziehen Sie öfter mal an der Kordel und knipsen Sie die Stehlampe an in Ihren gemütlichen Hirnwindungen. Setzen Sie sich in Ihrem Oberstübchen aufs Sofa. Die da oben unterm Dach brauchen gar keinen Fernseher. Da laufen immer irgendwelche Filme. Mal sehen, was heute so dran ist. Schauen Sie einfach zu, hören Sie zu, bewerten Sie nicht – solange Sie nicht eingreifen wollen, weil Sie frei denken, frei sehen, nicht in Ihrer Endlosschleife. Sie haben die gesamte Bandbreite zur Verfügung und können durch Ihr gesamtes Leben strawanzen. Ja, das ist gewöhnungsbedürftig und kann auch mal Angst machen. Um Gottes willen, was einem da alles so einfällt. Aber es fällt ja auch wieder aus.
In solchen Ruhephasen gibt es keinen neuen Input. Wegen Inventur geschlossen. Die Bestände werden überprüft, neu sortiert. Und siehe da: Diese Auseinandersetzung mit dem Kollegen letzte Woche erinnert auf einmal an die Streitereien mit dem älteren Bruder. Das ist ja interessant. Wirft ein ganz neues Licht auf die Lage. Ja, im Schein der Stehlampe taucht so manches auf und geht wieder unter. Sie müssen da gar nichts machen, es regelt sich alles von selbst, wenn Sie nur die Ruhezeiten

einhalten. Vielleicht überkommen Sie dann sogar ein paar richtig schräge Einfälle. Eine Filmsequenz mischt sich mit einer tatsächlichen Begebenheit. Aber … woher wissen Sie eigentlich, dass die Begebenheit wirklich so geschehen ist? Im Sinnieren ist alles gleichwertig, und deshalb sollten Sie es auch nicht bewerten. Kommen und gehen lassen. Und bitte nicht anstrengen und sich jetzt krampfhaft in einer Heldenpose visualisieren oder irgendwelche Vorsätze fassen. Es reicht doch, dass Sie da sind und Ihrem Gehirn die Möglichkeit geben, Ordnung zu schaffen.
Sonst findet es ja nix mehr! Und das könnte zu einem Problem werden …

Gibt es eine Häkchenkrankheit?

Allmählich werden diese kleinen Teile dubios. Ja, es drängt sich der Verdacht auf, es könnte eine Häkchenkrankheit geben. Übrigens zieht sie sich durch alle Bevölkerungsgruppen. Und auch durch alle Berufsgruppen. Die Häkchenkrankheit betrifft nicht nur Manager oder Leute in Medienberufen. Auch eine Kassiererin im Supermarkt kann daran erkranken. Häkchen gehören nicht zu den Luxusproblemen. Und so kann man sich schon mal fragen, wohin diese Herde von entlassenen Häkchen eigentlich zieht.
Wenn der Mensch ein Tier ist, dann ein Tier der Gewohnheit. Wir wissen heute, dass unsere Gewohnheiten sich tief in unser Gehirn eingraben, so tief, dass es anstrengend ist, sie da wieder rauszubringen. Je öfter

wir eine Handlung wiederholen, desto stärker ist sie nicht nur im Gehirn verankert, sondern auch an die Reize geknüpft, die sie auslösen. Es erfordert Disziplin, um auf diese Reize anders als gewohnt zu reagieren, denn das Gehirn verwendet in bestimmten Situationen auch immer wieder dasselbe neuronale Netz. Es heißt also wie sonst auch: durchhalten. Als Menschen sind wir lebenslang dazu fähig, eine neue Art des Denkens zu erlernen. Dieses Phänomen nennt man Neuroplastizität. Das Gehirn entwickelt sich weiter. Nutzen Sie also Ihre Disziplin von der To-do-Liste für Ihre To-be-Liste. Bis die neuen Gewohnheiten dort ihre wohltuende Wirkung entfalten. Denn jedes Mal, wenn wir handeln wie gewohnt, werden in unserem limbischen System Belohnungsstoffe ausgeschüttet. Körpereigene Opioide durchströmen uns. Die Glücksbotenstoffe bekräftigen die Handlung, die wir vollzogen haben. Sie war richtig. Gute Gewohnheit: Schulterklopfen. So berauschen wir uns selbst. Der Körper fragt nicht danach, ob das gut für uns ist. Er will seinen Stoff haben, so wie er auch seine Häkchen haben will.

Gewohnheiten sind aber nicht bloß zu verteufeln. Nein, ohne Gewohnheiten würden wir uns im Leben gar nicht zurechtfinden, da wir ja ständig alles neu entscheiden müssten. Alle bewussten Tätigkeiten werden zunächst vom Großhirn gesteuert. Durch häufige Wiederholungen erledigen wir Handlungen wie zum Beispiel Zähneputzen irgendwann unbewusst. Das Gehirn schaltet um auf Autopilot. Damit verbrauchen wir weniger Energie,

und unser Großhirn hat währenddessen Zeit, sich mit anderen Dingen zu beschäftigen. Es ist unverzichtbar, sich darauf zu verlassen, dass so viel Alltägliches reibungslos funktioniert. Doch manchmal funktionieren auch Dinge reibungslos, die uns schaden, wie beispielsweise Rauchen oder zu viel zu arbeiten.
Dass Gewohnheiten schwer abzustellen sind, weiß jeder aus leidvoller Erfahrung. Man merkt das schon, wenn man sich als Rechtshänder vornimmt, die Zähne mit der linken Hand zu putzen. Da gerät man schnell ins Schleudern. Ist eine Gewohnheit im Gehirn erst einmal etabliert, kostet es viel Energie, sie zu verabschieden. Zumal hier noch die Auslösereize eine Rolle spielen, die an die Gewohnheiten gekoppelt sind. Der Raucher sieht eine Schachtel Zigaretten, und es überkommt ihn ein großes Verlangen nach Nikotin. Die sehr Reinliche sieht die Krümel auf dem Boden und möchte sofort staubsaugen. Beide bekommen danach eine Belohnung, obwohl Rauchen nicht gesund ist und das Staubsaugen in diesem Moment zu einer extremen Zeitnot führen kann, sodass die Reinliche völlig abgehetzt zu ihrem Termin kommt und den auch folgerichtig in den Sand setzt. Aber immerhin – zu Hause auf dem Fußboden: kein Staubkorn.
Leider entscheidet das Gehirn trotz der Dienstbeflissenheit seiner einen Milliarde Nervenzellen nicht, was gut für uns ist und was nicht. Und wir selbst können das leider manchmal auch nicht entscheiden. Die Aufträge werden abgearbeitet, wie sie hereinkommen.
Wenn Sie Häkchen kündigen, versetzen, umschulen, weiterbilden wollen, entwickeln Sie am besten neue

Gewohnheiten. Das ist ein bewährtes Mittel, sich von alten Gewohnheiten zu lösen. Ein Raucher könnte einüben, sich beim Anblick einer Zigarettenschachtel an ein offenes Fenster zu stellen und einige bewusste Atemzüge zu nehmen.
Einfach ist das nicht! Das weiß jeder, der sich schon mal von Gewohnheiten trennen wollte. Doch wenn man sich ins Bewusstsein ruft, wie groß die Aufgabe ist, die man sich stellt, reicht die Motivation vielleicht auch für eine Durststrecke. Denken Sie an Ihr schönes Ziel. Letztlich geht es um Ihr eigenes Leben. Sie wollen und werden sich von Gewohnheiten trennen, die Ihnen nicht guttun. Ob es sich um Zigaretten, Hobbys, falsche Freunde oder kleine Gefälligkeiten handelt.

Häkchen-Einflüsterer

Legen Sie Ihre Handflächen aneinander, beugen Sie die Finger, sodass alle überkreuzt sind, wie beim Beten. Welcher Daumen liegt vorne? Kreuzen Sie die Finger nun so, dass der andere Daumen vorne liegt. Sie werden merken, dass sich das komisch anfühlt. Das ist nicht Ihre gewohnte Haltung. Das wäre eine neue Haltung, die es einzuüben gilt, ohne auf die Häkchen-Einflüsterer zu hören, die Ihnen sagen, dass das nicht das Richtige sein kann, eben weil es sich komisch anfühlt. Solche Häkchen-Einflüsterer sind gewieft, die tarnen sich schon mal als Ihre innere Stimme.
Also Vorsicht! Ob eine Veränderung wirklich die richtige war, wissen Sie erst nach einigen Wochen, wenn

die neue Gewohnheit etabliert ist. Es geht nicht schneller, und wenn Ihnen irgendeine Häkchen-Agentur verspricht, dass es da ein neues Wundermittel gibt, das Chance-Switching oder wie auch immer, hören Sie nicht darauf. Solche Häkchen haben Haken! Unser Gehirn braucht Training, um das Neue als das Richtige zu bewerten und das ehemals Vertraute als das Unerwünschte.

Natürlich nimmt man die Anstrengung, Gewohnheiten zu verändern, nicht auf sich, wenn alles im grünen Bereich ist. Wir brauchen ja meistens eine Krise oder Leidensdruck, ehe wir bereit sind, etwas Grundlegendes zu verändern, und dazu zählen Gewohnheiten allemal. Der Leidensdruck, den einem die Jagd nach Häkchen bescheren kann, ist enorm, er kann die Lebensfreude torpedieren und in die Depression führen. Was einmal so toll angefangen hat – Ich schaff noch dies, und das mach ich auch noch, jippi, bin ich gut! –, wird zu einer unkontrollierbaren Macht, die das eigene Leben zu zerstören droht. Und weil wir viele dieser Häkchen zu Beginn besten Wissens und Gewissens machten, ist es auch schwierig, ihre Mutation zum Negativen zu entlarven. Aber was uns vor fünf, zehn Jahren noch guttat, kann uns heute schaden. Wir verändern uns, die Welt verändert sich. Als immer mehr Leute auch zu Hause einen Computer hatten, war es toll, sich Mails zu schicken. Alle mailten sich ständig irgendwas. Man freute sich, wenn man jede Menge Mails bekam. Heute sind Mails für viele der absolute Horror. Ich kenne Leute, die wol-

len nicht mehr in den Urlaub fahren, weil sie danach von Monsterwellen von Mails überflutet werden.
Eine Verlegerin: »Wenn ich ohne Laptop und Smartphone verreise, was wichtig wäre, damit ich mich mal wirklich erhole, wenn ich also wirklich Urlaub mache, dann weiß ich schon vor dem Urlaub, dass ich nach dem Urlaub ein paar hundert Mails im Kasten habe, zusätzlich zum Tagesgeschäft. Das ist eine dermaßen scheußliche Vorstellung, dass ich lieber gar nicht verreise.«
Wer ist hier der Boss? Es sieht so aus, als hätten die Häkchen die Herrschaft übernommen! Aber wir haben sie ihnen auch geradezu nachgeworfen. Weil wir nicht darüber nachgedacht haben, welche Häkchen für uns die richtigen sind.
Häkchen mögen zwar manchmal mit Zecken verglichen werden, doch sie haben nur eine geringe Sprungkraft. Es ist nicht möglich, dass sie einfach so von der einen auf die andere Liste springen. Dass die Häkchen, die fälschlicherweise auf Ihrer To-do-Liste gelandet sind, alle wieder brav auf die To-be-Liste springen und dass sich ganz neue Häkchen auf der To-be-Liste niederlassen. Vielleicht sehen sie auch anders aus. Vielleicht haben sie ja ein Fellchen?

Häkchenrausch

Nachdem die Häkchen nun einiges einstecken mussten, möchte ich auch mal eine Lanze für sie brechen. Häkchenrausch kann toll sein. So wie mit dem Rad einen Berg hinauffahren und dann wieder runter, was für ein

Erfolgserlebnis. Häkchen können viel Spaß machen, und ein Häkchen an und für sich ist ja nicht böse. Häkchen sind dienstbare Geister. Sie dürfen bloß nicht in die falschen Hände, sprich auf die falsche Liste geraten. Sonst spuken sie durch unsere Nächte und machen uns das Leben zur Hölle.

Es gibt Tage, da rase ich im Häkchenrausch durch die Zeit. Egal was, Hauptsache weg damit. Die Wäsche aufhängen, ein Kapitel schreiben, das Auto zum TÜV fahren, ein Exposé verfassen, Telefonate, einkaufen, ein Meeting, egal was, her damit und abgehakt und weiter zum nächsten. Von Häkchen zu Häkchen. Ich werde schneller und schneller, mir wachsen Flügel, gleich hebe ich ab. Ich fliege! Es ist großartig! Immer höher und höher …

Eine Weile ist das toll. Bis der Häkchenalarm losgeht. Den hab ich mir einbauen lassen. Kann man nachrüsten. Kann man selber machen. Achtung, Sie verlassen den grünen Bereich, meldet die nette Stimme. Ich habe mich für Thomas entschieden. Christian klang ein bisschen ölig. Auch wenn es Leute gibt, die ihrem Häkchennavi nicht trauen, ich fahre besser damit, wenn ich jetzt anhalte. Denn ich habe es einmal gewissenhaft eingestellt. Ich weiß, wie lange ich in der Höhenluft bleiben kann, und ich weiß auch, dass sich die Zeitspanne mit zunehmendem Alter verändern kann. Die Zeiten unter schadloser Maximalbelastung könnten kürzer werden. Es ist jetzt also wichtig, dass ich einen Landeplatz ansteuere. Damit ich auch morgen noch meine Höhenflüge genießen kann und immer wieder nach Hause finde, dorthin, wo meine Wurzeln gewachsen sind.

Die Have-done-Liste

Wissen Sie überhaupt, was Sie so alles tun, den ganzen lieben Tag lang? Viele Leute sind so rabiat im Erledigungsmodus, dass es ihnen gar nicht mehr auffällt. Ist ja auch schön, wenn man alles so locker absolviert. Die meisten Menschen machen prinzipiell keine Listen und schon gar keine To-do-Listen. Aber es wäre gut, wenn Sie es doch einmal machen würden. Einfach, um einen Überblick zu bekommen. Einen ganzen Tag lang notieren Sie bitte, was Sie gemacht haben. Zum Beispiel so: *Kaffee gekocht, Frühstück zubereitet, Kaffeemaschine entkalkt, Spülmaschine ausgeräumt, Frühstück für die Kinder, mit Ben über den Termin am Wochenende gesprochen und abgestimmt, Heizöl bestellt, dazu vorher bei drei Firmen den Preis erfragt, den Nachbarn gemailt, ob sie sich beteiligen wollen, Pflanzen gegossen, Waschmaschine eingeschaltet, Einkaufszettel geschrieben, Ölstand am Auto kontrolliert, auf dem Weg zur Arbeit beim Schuster gehalten. Job. Bis Mittag das Übliche, nebenbei Facebook gecheckt, einige Tweets abgesetzt, zwei Verabredungen getroffen, Überweisungen gemacht, das Kinoprogramm studiert, die empfohlene Nachhilfe-Lehrerin recherchiert. In der Mittagspause eingekauft. Nachmittags wie immer am Arbeitsplatz. Früher nach Hause gegangen, weil Kind abgeholt. Über seinen Kummer wegen des neuen Schulkameraden gesprochen. Getröstet. Dreisatz noch mal erklärt. Vier Telefonate. Essen vorbereitet. Kind zu Oma und Opa gebracht. Ganz fix ins Fitnessstudio. Um 20 Uhr leider kein Essen gekocht, Pizza aufgetaut. Ben kam später. Streit, weil er nicht beim Zahnarzt angerufen hat. Leider nicht dazu gekommen, im Haushalt noch was zu machen und wegen der Küche ebay zu checken. Kein Gespräch geführt, nicht auf dem Sofa gesessen, nicht mit der Katze geschmust und auch nicht mit dem Mann, kein Buch gelesen, nicht mal in die Zeitung geschaut. Dafür noch Zehennägel lackiert. Macht das glücklich? Man nimmt, was man kriegen kann.*

Ein ganz normaler Tag. Was davon könnte man streichen? Die Aufgaben müssen ja getan werden. Doch wenn es zu viele sind und immer mehr werden, stellt sich eben kein gutes Gefühl ein. Dann ist das Belohnungszentrum im Gehirn überlastet, es gibt keine Fleißbildchen mehr heraus mit Dopamingeschmack. Auch Waldmeister ist aus. Was bleibt, sind die Bitterstoffe. Weil das Leben an einem vorbeirauscht. Und die fünfzig Minuten im Fitnessstudio waren ein einziges Gehetze. Schöner wäre es gewesen, zwei Stunden Zeit zu haben. Mit Sauna danach. Vielleicht morgen.

Schreiben Sie mit einem Stift auf ein Blatt Papier (keine Tastatur!), welche Aufgaben Sie in Ihrem Alltag übernommen haben. Auch, was die Hausarbeit betrifft. Schreiben Sie alles auf einschließlich der Kleinigkeiten. Und dann entscheiden Sie spontan aus dem Bauch heraus, was Ihnen gefällt und was nicht.

- ✓ Letzteres streichen Sie durch.
- ✓ Schreiben Sie die verbliebenen Punkte auf eine neue Liste.

- ✓ Überprüfen Sie diese noch einmal, streichen Sie eventuell weitere Punkte.
- ✓ Machen Sie das so oft, bis Sie einen Überblick haben. Welches Häkchen auf der To-do-Liste kann zu Gunsten von einem auf der To-be-Liste entfallen?

Ich behaupte nicht, dass Sie selbst daran schuld sind, wenn Sie so wenig Zeit haben. Ich sage auch nicht, Sie seien veränderungsresistent. Es ist Blödsinn, zu glauben, wir könnten alles ändern und schaffen, wenn wir es uns nur stark genug wünschten. Für viele Dinge können wir nichts. Die sind einfach so. Daran ist nicht zu rütteln, es ist die Welt insgesamt, es sind Sachzwänge, deretwegen ja auch Politiker oft nicht mehr regieren können. Und dennoch gibt es Schlupflöcher, Leberkässemmeln, Geheimgänge.

Soll die Kaffeemaschine doch unentkalkt röcheln. So. Der haben Sie's aber gegeben. Und dann überkommt Sie womöglich das Mitleid. Die arme Kaffeemaschine, ständig am Heißlaufen. Sie fassen sich ein Herz und tun es doch.

Nicht anders sollten Sie auch reagieren, wenn es um Sie selbst geht. Fassen Sie sich ein Herz. Sie sind der wichtigste Mensch in Ihrem Leben. Seien Sie mal so nett zu sich wie zu anderen. Und lassen Sie mal fünfe gerade sein. Das dürfen Sie! Sie können sich die Erlaubnis dazu geben. Allein Sie! Denn alles, was ist, das baden Sie ja auch wieder aus. Also lassen Sie es sich gut gehen in Ihrem Leben, so gut es eben geht.

Ferdinand Avenarius, ein Dichter aus dem vergangenen Jahrhundert, hat es so zusammengefasst: »Verlerne das nie: dich nach der Arbeit auszurasten und auszuträumen! Geh nicht auf im Erwerben, im Abrackern von Körper und Geist! Und wenn es nur Stunden der Muße sind, wahre dir die Stunden, da du in das Schöne, das Große hineinsiehst, das über uns allen im Lichte schwebt. Jede solche Stunde, innig genossen, wird dir Kraft geben für viele andere Stunden.«

FORTSCHRITT, MARSCH, MARSCH?

Wir schreiten fort im Fortschritt. Schreiten wir hin zu uns? Nein, es macht eher den Eindruck, wir entfernen uns im Fortschreiten, zumindest von solchen Werten, die auf der To-be-Liste schnurren. Was uns aber nicht daran hindert, das Tempo stetig zu erhöhen. Und so leben wir nun in einer Welt, die wir nicht mehr verstehen können. Alles ist so komplex, kompliziert, undurchschaubar und hinterlässt zuweilen weniger Stolz auf das Machbare als vielmehr ein Gefühl der Ohnmacht. Und das raubt uns Handlungsfähigkeit. Dabei wollen wir doch alle das Gleiche: ein gutes Leben, wie auch immer das für den Einzelnen aussehen mag. Der rasante Fortschritt scheint dieses gute Leben immer stärker zu unterlaufen, wenngleich es uns so leicht gemacht wird durch die technische Entwicklung – denn sind wir nicht in der Lage, jederzeit miteinander zu kommunizieren, wenn auch nur virtuell, uns überallhin zu folgen, *das gefällt mir* anzuklicken? In Umfragen wünschen sich die meisten Menschen mehr Zeit für ihre Familie und Freunde. Und damit meinen sie keine virtuellen Begegnungen.

Eine ältere Dame erzählte mir von ihrer besten Freundin aus Kindertagen. »Leider haben wir uns dann aus den Augen verloren. Sie hat bestimmt geheiratet, und ich kenne ihren neuen Namen nicht. Ich habe ja auch geheiratet.«

»Sie hätte doch mal anrufen können, nachdem sie weggezogen ist«, sagte ich.
»Wir hatten doch damals noch kein Telefon.«
»Ach so«, nickte ich. Klar, früher war das normal. Kein Telefon oder ein Wandapparat im kalten Hausflur für alle. Nicht sehr einladend. Da waren die Gespräche sicher kurz.
Heute klicken wir ein wenig herum und finden fast alle alten Freundinnen und Freunde bei Facebook oder irgendwo im Netz. Man schreibt sich, man erinnert sich – und das war's dann meistens. Weil man ja gar keine Zeit hat, etwas aufzufrischen. Oder man verhält sich still. Weil man echt keine neuen Leute mehr verkraften kann, wo man mit den alten doch schon mehr als bedient ist. Der Fortschritt ist stets hungrig und schluckt alles. Und das stößt immer mehr Menschen auf. Der Fortschritt, so empfinden sie, nimmt ihnen mehr weg, als er bringt.
Und sie haben womöglich recht: Wie die Vergangenheit zeigt, hängt die soziale und seelische Entfaltung eines Volkes weniger von seinem technischen Fortschritt ab als von seiner geistigen und kulturellen Entwicklung. Während der Glaube an den *technischen* Fortschritt Mitte des 20. Jahrhunderts noch ungebremst wuchs, war die Hoffnung auf den *sozialen* Fortschritt nach zwei Weltkriegen damals schon deutlich getrübt. Zumal ja auch keine Lösung in Sicht war, denn die Gesellschaftssysteme, die angetreten waren, sozialen Fortschritt zu erreichen, scheiterten eins nach dem anderen. Technischer Fortschritt ist nicht zwingend gleichbedeutend mit sozialem Fortschritt, ganz im Gegenteil: Der techni-

sche Fortschritt kann sich vom sozialen Wohlstand abkoppeln. Genauso führt der materielle Fortschritt zu keiner Steigerung des individuellen Wohlgefühls. Zwar sind die Menschen in reichen Ländern glücklicher als die Menschen in armen Ländern. Doch sobald das durchschnittliche Pro-Kopf-Vermögen einer Gesellschaft die Schwelle zwischen Armut und Existenzminimum überschritten hat, zeigen weitere Zuwächse des Volksvermögens fast keine Auswirkungen mehr auf das Glück der Einwohner. Auch Waschmaschine und Konsorten machen nicht glücklich. Sich alles Mögliche kaufen zu können macht nicht glücklich. Und die neuen technischen Helfer, mit denen wir eigentlich so viel Zeit sparen, bringen uns in Zeitnot. Einmal abgesehen davon, dass wir lernen müssen, sie zu bedienen. Wer investiert in seinen Computer schon so viel Zeit, wie eigentlich nötig wäre, um sicher im Netz unterwegs zu sein? Bedienungsfehler und Missverständnisse verschlingen oft viel Zeit.

Trotzdem ist es eine Tatsache, dass wir nie so viel Zeit – nicht nur Freizeit, auch Lebenszeit insgesamt – hatten wie heute. Man muss sich nur die durchschnittliche Lebenserwartung anschauen. Verrückt ist, dass trotzdem immer mehr Leute das Gefühl plagt, immer weniger Zeit zu haben.

Dabei wurden in den letzten hundert Jahren doch unglaublich viele Erfindungen gemacht, die wir für die Zeitersparnis nutzen könnten. Nie in der Geschichte der Menschheit waren es so viele in so kurzer Zeit! Moderne Verkehrsmittel, Geräte zur Vereinfachung des Haushalts, computergesteuerte Arbeitsplätze. Wohin man auch blickt, Maschinen und Computer erleichtern den Menschen das Dasein. Überall hat die Technik Einzug gehalten.

Drei Minuten braucht das Menü in der Mikrowelle. Aber macht die Mikrowelle glücklich oder der extraleise Staubsauger, der Induktionsherd, der Wäschetrockner? So oft es uns auch versprochen wurde: Nein. Denn das, was hinter dem Versprechen lockt, hat sich nicht erfüllt. Dank Mikrowelle verbringen wir nicht mehr Zeit mit der Familie, im Gegenteil, jetzt macht sich jeder sein Essen warm, wann er will, und gemeinsam am Tisch wird nur noch an Feiertagen gesessen. Dank Handy ist die Nähe zu den Kindern nicht intensiver geworden. Dank Staubsauger haben wir nicht mehr Zeit für uns selbst, stattdessen hat sich unser Anspruch an Sauberkeit erhöht. Saug doch *mal schnell*. Bügel doch *mal flugs* drüber! Undenkbar, mit einem kleinen Fleck auf dem Hemd aus dem Haus zu gehen, auch wenn man es eben frisch angezogen hat. Weil die Helfer da sind, beanspruchen wir sie, und das kostet uns Zeit, weil wir sie bedienen müssen.

Außerdem wird die durch Haushaltsgeräte gewonnene Zeit allzu oft eben nicht in Freizeit investiert, sondern in Pflichten. Man halst sich noch mehr auf. Und wer noch Kapazitäten frei hat, kann sich damit beschäftigen, ob es vielleicht einen leiseren Staubsauger gibt. Und vor allem soll er Strom sparen. Was sagt die Stiftung Warentest dazu? Ach ja, man sollte vielleicht überhaupt mal den Stromanbieter wechseln. Da gibt es doch diese

Preisbörse im Internet. Und wie war das noch mal mit den Telefontarifen, woher krieg ich eine Umweltplakette, soll man sich einen Schwedenofen einbauen lassen für das gute Wohnklima, wie viel Strom kann ich sparen, wenn ich die Glühbirnen austausche, und wie viel Geld, wenn ich meinen Provider wechsle? Man sollte sich jetzt aber wirklich mal einen Breitbildfernseher kaufen, alle haben einen, man muss sich ja schämen. Bloß: welchen? Denn bei den schicken Multimediateilen geht es zu wie im Joghurtregal. Und finde da mal den richtigen unter hundert Alternativen. Noch zeitaufwendiger: Wohin mit meinem Geld – Aktien, Sparschwein, Fensterwurf?

Das alles kostet Zeit. Im Grunde haben wir nicht zu wenig Zeit, sondern zu viele Möglichkeiten. Und die Geschwindigkeit, in der das moderne Leben abläuft, drängt uns immer mehr Entscheidungen auf, die wir in kürzester Zeit treffen müssen.

Kein Wunder, dass wir ständig das Gefühl von Enge und Bedrängnis haben. Zumal es ja nie eine Pause gibt. Es läuft immer alles rund um die Uhr und steht rund um die Uhr zur Verfügung. So wie wir das auch tun sollen.

»In der Arbeitswelt dominiert eine Leistungsbereitschaft, die nicht selten an Selbstverleugnung grenzt. Wobei die neue Konformität nicht mehr pedantisch, sparsam und duckmäuserisch daherkommt, sondern von Teamgeist und der Bereitschaft zur permanenten Optimierung getragen wird«, so Cornelia Koppetsch, Professorin für Soziologie, im Oktober 2014 in der Wochenzeitung *Die Zeit.*

Zahnräder, Zeiträder

Der technische Fortschritt scheint sich von unserer Zeit zu ernähren, die er nimmersatt in sich hineinschlingt. Man kann es ihm nicht nachweisen, da er ja steif und fest behauptet, der effizienteste Zeitsparer überhaupt zu sein. Doch nachts, wenn wir schlafen, dreht er an den Zahnrädern, die in Wirklichkeit Zeiträder sind, und morgen ist dann alles noch viel schneller als heute. Er stiehlt uns Stunde um Stunde, er findet jede noch so gut versteckte Minute, und manchmal hört man die Sekunden zwischen seinen Zähnen knacken.

Und es gelingt ihm immer wieder, weil er sich perfekt tarnt. Im Kostüm des hilfreichen Freundes kommt er daher, der dem Menschen seine Last nehmen möchte. In Wirklichkeit fragt er nicht nach dem Sinn, er schreitet fort um seiner selbst willen oder weil das Militär an neuen Waffen interessiert ist, was uns dann als Fortschritt in der Medizin schmackhaft gemacht wird. Wobei dieser Fortschritt so aussieht, dass viele Ärzte ihre Patienten gar nicht mehr anfassen, weil sie ihren eigenen Diagnosen weniger vertrauen als denen ihrer technischen Assistenten. Die sind auch besser bezahlt als ein Wald-und-Wiesen-Doktor. Was machbar ist, wird auch gemacht. Beim Patientengespräch sind viele Ärzte mehr mit ihren Gerätschaften und der Bedienung ihres Computers beschäftigt, in den sie Ziffern einpflegen, als mit den Patienten vor ihnen. Wie weit geht es noch und wie schnell? Wo sind die Grenzen, gibt es überhaupt noch welche? Und warum fragt so selten jemand: Brauchen wir das? Brauchen wir das wirklich? Hilft uns das?

Oh, doch! Es wird schon gefragt und oft festgestellt, dass das niemand braucht. Also wird ein Bedürfnis geweckt. Wie, Sie haben keine Heizung in Ihren Pantoffeln?

Natürlich gibt es auch sinnvolle Erfindungen. Rauchmelder zum Beispiel, oder Milchaufschäumer. Natürlich könnte man die Milch für den Kaffee auch mit dem Schneebesen schäumen. Obwohl, ich nicht, ich habe mich an den Milchaufschäumer gewöhnt. Im Grunde genommen bin ich völlig abhängig von meinem Milchaufschäumer, ich bin ein Milchaufschäumerjunkie.

So gewöhnen wir uns an den Alltagsluxus und glauben, ohne ihn nicht mehr leben zu können. Hilflos tappten wir ohne Technik durch unser Leben. Der Mensch hängt an der Nabelschnur, die ihn mit seinem Stromanbieter verbindet. Wir werden immer abhängiger von unseren technischen Helfern. Ohne Handy unterwegs zu sein ist für viele Leute so, wie es früher vielleicht gewesen wäre, nackt aus dem Haus zu gehen. Also undenkbar. Was da alles passieren könnte! Es ist aber nicht mehr passiert als heute.

Also, das Handy, das Smartphone ist »irgendwie wahnsinnig wichtig«. Ja, es kostet wahnsinnig viel Zeit, die man früher vielleicht für Dinge genutzt hat, die man heute schmerzlich vermisst. Ja, es ist toll, ständig überall erreichbar zu sein. Und es ist ein Fluch, vor allem, wenn einen das Gefühl überkommt, man würde etwas versäumen, wenn man nicht erreichbar ist. Das ist ein Alarmsignal. Denn auch wenn es wehtut: Die Welt läuft weiter, ob wir erreichbar sind oder nicht. Ob wir diese

Nachricht jetzt bekommen oder in fünf Stunden oder Tagen. Ob wir die App mit der Lupe haben und das lesen können, was wir wegen der Altersweitsicht (die leider auf die Optik beschränkt bleibt) nicht mehr sehen können.

Später ist man oft schlauer und weiß, dass es einem früher eigentlich besser ging. Aber das weiß man vorher eben nicht. Außerdem ist heute dann schon mal besser als morgen, weil das Heute morgen gestern und somit schöner ist. Und natürlich ist das alles eine Frage des Geldes, des maximalen Ertrags. Sind es am Ende vielleicht gar allein die Interessen der Wirtschaft, die unser Leben in eine Richtung lenken, die uns zu modernen Sklaven macht – zu willigen Arbeitskräften, kritiklosen Konsumenten und geschröpften Steuerzahlern? Und wer ist das – die Wirtschaft?
Denk nicht drüber nach, du denkst zu viel, auch hierfür hat der Fortschritt eine Lösung: Nimm eine Pille und sei gut drauf! Warum machst du es dir so schwer, wenn es auch einfach geht? Reg dich nicht auf! Klimawandel, Finanzkrise, und die Nikoläuse stehen schon im September in den Läden, so ist das eben. Da kann man nichts machen. Schuld sind die Osterhasen, sagen diejenigen, die nie schuld sind, aber immer ganz schnell darin, Schuldige zu präsentieren. Und mal abgesehen davon blickt doch sowieso keiner mehr durch. Womöglich waren es doch die Nikoläuse, aber die exportieren und schaffen Arbeitsplätze, halte dich also getrost an die Schnapspralinen und freu dich auf Pfingsten.

Der Fortschritt überfordert viele Menschen, und immer mehr beäugen ihn auch misstrauisch. Die Machbarkeit stößt an ethische und moralische Grenzen. Wir sind in dem Bereich angelangt, wo es manchen vorkommt, als würde der Mensch Gott spielen wollen. Und das macht Angst. Einfache Lösungen werden gar nicht mehr ins Auge gefasst, wenn es doch hoch komplizierte technische gibt. Frier deine Eizellen ein, junge Frau, und mach Karriere. Wir müssen nichts am System ändern, das haben wir gar nicht nötig, wir erfinden was, für alles gibt es eine Lösung, und manchmal ist sie eben tiefgefroren, also ziemlich kalt. Der Fortschritt verändert das Denken der Menschen. Was gestern unvorstellbar war, ist heute normal. Der Fortschritt hat uns längst überholt und lässt uns zurück. Der Fortschritt braucht gar keine Menschen, die ihm folgen, der läuft und läuft und läuft, und wir können irgendwie schauen, wie wir ihm nachkommen, wie wir ihm dienen können. Nicht mehr die Technik ist es, die uns dient. In vielen Bereichen dienen wir der Technik. Sie beherrscht unser Leben. Es gibt keinen Rückweg, und nur die allerwenigsten schaffen den Ausstieg.

Der ja auch nicht gerade verlockend ist. Ich möchte nicht ohne Strom leben und ohne Auto, Computer und die anderen angenehmen Technikaccessoires. Aber ich würde sie gern selbstbestimmter nutzen. Denn bei manchen Sachen frage ich mich durchaus, ob die ein Modul in sich tragen oder irgendeine reiskorngroße Raffinesse, die ständig an mein Unterbewusstsein funkt: Kümmere dich um mich! Spiel mit mir!

In der heutigen Gesellschaft ist kaum ein Mensch mehr lebensfähig ohne die Helfer, die der technische Fortschritt hervorgebracht hat. Wir würden leiden im Dunkeln und bei Kälte. Mal ehrlich: Wer kann ein Feuer machen – ohne Feuerzeug? Wer hat Ideen, wie man mit nichts überlebt? Hoffentlich müssen wir das nie. Unser Überlebenstraining kann so beginnen, dass man junge Leute auf die Piste schickt ohne Navi und Handy. Ob sie jemals wieder nach Hause finden? Und ob es ihnen gelingt, sich zu finden, ohne ständige Verabredung, Vergewisserung? Ich bin noch da. Und du? Ich bin hier, wo bist du?

Solche Unsicherheiten gab es früher nicht. Da konnte jeder eigenständig an einem Ort sein, ohne fortwährend anderen mitzuteilen, wo er sich befand, damit sie ihn finden könnten, falls er eventuell verloren gehen würde. Es war sogar toll, mal wo zu sein, wo einen niemand finden konnte. Mir tun alle zum Schwindeln begabten Kinder leid, die jetzt ständig überführt werden, weil jeder alles über sie weiß. Ich fand das toll, etwas zu erfinden, und es kam allein darauf an, wie gut ich meine Geschichte erzählte. War mein Alibi wasserdicht? Heute entlarvt einen womöglich der Facebook-Eintrag eines Freundes, bei dessen Geburtstagsparty man war. Wo man doch vorgegeben hatte, übers Wochenende verreist zu sein. Das Flunkern ist anstrengend geworden.

Übrigens auch das Verabreden. Früher sagte man: In zwei Wochen um vierzehn Uhr am Bahnhof, Gleis zwei. Man brauchte im Anschluss nicht dreihundert Mal hin und her zu simsen und telefonieren und whatsappen und facebooken. Man war einfach da, wie ausgemacht. Und genoss die Zeit. Die manche ja im Vorfeld dieser Verabredung verschleißen mit Bestätigung, Änderung, Stornierung, Widerrufen der Stornierung dieser Verabredung, zu der dann noch alle zu spät kommen, weil man ja nicht mehr pünktlich sein muss, da man sich simsen kann. Früher pünktlich, heute SMS.

Viele Menschen fühlen sich schlichtweg erschöpft vom Fortschritt, der ihnen so viel abverlangt. Denn wenn man mal Pause hätte, muss man sich um all die Neuerungen kümmern. Es gibt immer ein Update, ein neues Menü, irgendetwas, in das man sich *mal kurz eben schnell* einlesen, einarbeiten muss. Nicht alles ist für alle ein Vergnügen. Das neue Smartphone, der neue Laptop, das Tablet – wie toll! Menschen spielen gern, und mit den kleinen Handschmeichlern kann man viel Spaß haben. Oder gestresst sein. Es wäre ein Fortschritt in einer anderen Schuhgröße, wenn in die kleinen Dinger ein Impulsgeber eingebaut würde, der dem Menschen zeigt, wann er gefährdet ist, über die eigenen Grenzen zu gehen. Das merken wir nämlich meistens erst dann, wenn es schon fast zu spät ist. Das wäre mal eine technische Herausforderung. Doch solange sich kein Unternehmen dafür interessiert, sich niemand Profit davon verspricht, wird es das nicht geben. So müssen wir also weiterhin selbst auf uns aufpassen. Zuweilen drängt sich der Eindruck auf, als hätte uns der technische Fortschritt von dem abgeschnitten, was wichtig für das soziale und auch das schöne Leben ist.

Vielleicht haben wir im Fortschritt zu viele Ressourcen verbraucht, die wir jetzt unbedingt benötigen würden, damit uns die Ruhe und Stille, die wir uns dringend wünschen, nicht mehr so schrecklich nervös machen. Und weil uns diese Ressourcen fehlen, müssen wir gleich wieder fortschreiten. Und schon haben wir wieder keine Zeit, uns um so wichtige Fragen wie Nachhaltigkeit zu kümmern. Denn wir müssen ständig wachsen, und schnell. Bis wir eines Tages platzen. Also, wir nicht. Wir werden wohl noch durchkommen und die Generation nach uns auch. Aber dann?
Haben Sie keine Kinder?
Doch. Aber die schaffen das bestimmt. Der Mensch findet doch immer Lösungen. Und sie werden ja jetzt noch fitter gemacht mit dem Gymnasium in zwölf Jahren. Und Chinesisch im Kindergarten. Chinesisch ist ja ganz wichtig. In China liegt die Zukunft.
Na, dann können wir ja beruhigt sein. Aber wenn der Fortschritt jetzt also platzen würde. Wenn nun ziemlich bald Sense wäre. Was bleibt dann? Eine gerettete Krähe und ... Jetzt sind Sie dran.

In einem Land, wo Schweinebraten und Knödel fliegen

Wir müssen selbst für uns sorgen, denn die bloße Erkenntnis, dass der materielle Fortschritt nicht automatisch zu einem Zuwachs an Lebensqualität führt, hat leider keine Folgen. Außerdem wollen es viele Menschen immer noch glauben. Es wäre ja auch zu schön.

Materieller Wohlstand für alle ist gleich Glück für alle.
Nur derjenige, der sich am besten anpasst, kommt weiter im Leben. Ich verwandle mich in einen Chip. Ich bin total individuell mit meiner rosafarbenen Diode.
Wo bleibt unser Win-win oder wenigstens Gewinn? Wenn wir schon so brav marschieren, sollten wir doch auch was Schönes dafür kriegen, mehr Zeit haben, um uns den schönen Dingen im Leben zu widmen. Wie nutzen wir diese Zeit, die uns durch den technischen Fortschritt geschenkt wurde? Sind wir besinnlicher und ruhiger, oder verleitet uns gerade die gewonnene Zeit dazu, uns zu stressen mit noch mehr To dos?
Hätte man uns vor zweihundert Jahren gesagt: Stell dir eine Epoche vor, in der alle Dinge, für die du dich plagen musst, von selbst geschehen.
Das wäre … ein Paradies!
Ja, ein Paradies. Und in dieser Zeit werden alle deine Wünsche sofort erfüllt. Kaum sehnst du dich nach einem Menschen, kannst du seine Stimme hören. Kaum willst du etwas wissen, erhältst du die Antwort. Du bekommst immer alles sofort. Du musst nicht mehr warten, nichts mehr aufschieben, alles fliegt dir gebraten in den Mund. Und das Beste daran: Du musst nichts dafür bezahlen, nur ein kleines Plastikkärtchen abgeben.
Plastik?
Ein Pfand. Aber es ist nur ein Symbol. Und, wie findest du das?

Toooll, hätten wir gesagt, mit ganz vielen O den Mund weit offen für die Schweinebraten und Knödel, die da gleich reinfliegen würden.

Heute wissen wir, dass es verdammt schön war, als wir noch Sehnsucht hatten und Fernweh und ein Sparschwein und Wünsche und Träume und Fragen, die wir aufschieben mussten. Dass das keine lästigen Dinge sind, dass es keinen Fortschritt bedeutet, alles sofort erfüllt zu bekommen, sondern dass es uns ärmer macht. Denn Leben heißt doch auch Erwartung, Hoffnung, Zögern, Zaudern, Abwägen, sich ein Herz fassen, sich was trauen. Vieles davon ist uns mit dem Fortschritt weggelaufen. Und es ist wohl unwiederbringlich verloren. Es wird keinen Rückschritt vom Fortschritt geben. Aber man könnte mal wieder einen Brief schreiben. Eine Schallplatte hören. Und ein Sparschwein schlachten. Oder was auch immer es für jeden Einzelnen sein mag.

Es müssen keine Gewohnheiten von anno Tobak sein, sondern einfach die, mit denen wir uns wohlfühlen und lebendig und als Herren und Herrinnen über unsere Zeit. Wann haben Sie zuletzt einen Brief mit der Hand geschrieben? Ich habe es neulich nach drei oder vier Jahren Abstinenz getan. Der Stift glitt über das Papier. Nach wenigen Zeilen war meine Hand verkrampft. Und trotzdem war es sehr schön. Ich schrieb in einem anderen, fast vergessenen Ton. Das war keine Mail. Das war ein Brief, und ich schrieb ihn mit dem Herzen. Mails schreibe ich mit dem Kopf, so könnte ich es unterscheiden. Aber für solche Sachen hat man ja keine Zeit.

Warum eigentlich nicht? Und wer sagt das? Bin nicht ich es, die über meine Zeit bestimmt? Hin und wieder bekomme ich einen handgeschriebenen Brief. Es gibt so verrückte Leute, die machen das. Ich bin dann immer ganz gerührt. Dass ich denen so viel Zeit wert bin. Vor zwanzig Jahren hätte ich das normal gefunden. Daran merke ich, dass ich älter geworden bin. Andere merken es daran, wenn sie an ihren CDs hängen, anstatt Musik aus der Cloud zu laden. Es ist ja auch egal, was es ist. Jeder hat so seine Schlupflöcher, in denen er sich vor dem Fortschritt versteckt. Schriftsteller zehren oft von der Vergangenheit, sogar, wenn sie Fantasy schreiben, denn selbst die Zukunft schreitet fort in die Vergangenheit. Ich erinnere mich an Zeiten, in denen füllten Bankangestellte Überweisungsformulare für die Kunden aus. Ich erinnere mich an Zeiten, da waren Chefs fast nur Männer und hatten Sekretärinnen. Heute sind die Chefs ihre eigenen Sekretärinnen und tippen Mails. In Supermärkten gab es Menschen, die für das Leergut zuständig waren. Was war daran schlecht? Warum musste das unbedingt verbessert werden? Nun, anders geht es schneller. Na, dann lege ich die Plastikflaschen also in den Schredderautomaten. Wenn er nicht wieder eine Störung hat oder voll ist, und leider gibt es kein Personal, ihn zu leeren, weil am Personal gespart wird. Ja, alles geht schneller, doch oft nur für die Unternehmen, und das Personal wird ersetzt durch die Kunden, die immer mehr Dienstleistungen am Kunden selbst übernehmen.

Als ich ein Kind war, wurde das Leergut hinten im Lager beim Tengelmann von Frau Nerl eingesammelt. Es gab auch den alten Schuster, der die Schulranzen immer wieder zusammenflickte, und eine Weile spielte ich mit dem Gedanken, mal einen Schuster zu heiraten, weil es in seiner Werkstatt immer so gut nach Kleber roch. Ich wurde dann keine Schnüfflerin, sondern Schriftstellerin. Deshalb habe ich ein ziemlich gutes Gedächtnis, Vergangenheit ist mein Geschäft, und ich erinnere mich an viele Dinge, die heute gar nicht mehr möglich wären. Schade drum. Und genauso gut, dass vieles davon weg ist. Aber manchmal haben wir vielleicht nicht genau geprüft, bevor wir etwas für unzeitgemäß erklärten. Einfach, weil es schön war. Aber es saßen auch viele Menschen an Stellen, die heute automatisiert sind. Toll für die Menschen, weil es vielleicht keine Superjobs waren. Wir erledigen nicht nur unsere Bankgeschäfte selbst, wir sprechen mit Computern in Callcentern, wir tippen unsere PINs und checken uns selbst ins Flugzeug ein und regeln alles eigenhändig und sparen Geld für andere, weil die Zeit sparen, die uns dann fehlt. So ist der technische Fortschritt oft ein Saboteur, weil er uns, obwohl er uns immer mehr abzunehmen scheint, gleichzeitig ungleich mehr auflädt. Aber wir haben ja unsere Erinnerungen daran, wie es einmal war und was uns gut gefallen hat. Niemand hindert uns daran, genau das zu tun. Holundermarmelade einzukochen oder wie in der Pubertät eine Stunde in der Badewanne zu liegen, Kieselsteine zu sammeln, beim Telefonieren nichts anderes zu tun, als zu telefonieren, so als hinge man an einem Kabel fest. Wir könnten aufstehen, wenn wir den Fernsehkanal wechseln möchten – eine großartige Möglichkeit, um sich das Zappen abzugewöhnen, von dem man doch weiß, dass es wieder verlorene Minuten sind, weil nie das kommt, worauf man wartet. Und wenn man schon aufsteht, findet man vielleicht den Ausknopf. Und hört auch nicht die Stimmen, die einen als ewig Gestrige veräppeln. Ich leb ja nicht anderen zum Gefallen, auch wenn ich nichts gegen *Gefällt mir* habe. Ich muss doch vor allem mir selbst gefallen, wenn ich nicht fallen will.

Wissen ist Ohnmacht

Je komplexer alles zu sein scheint – als wäre es jemals einfach gewesen –, je schneller sich alles verändert, desto bedrängender wird auch das Gefühl der Überforderung. Man kennt sich nicht mehr aus in der Welt und auch nicht mehr im eigenen Leben. Die Bereiche, die man beeinflussen kann, werden immer weniger. Diese Möglichkeit hatte man früher auch nicht, aber da wusste man es wenigstens nicht. Man möchte nicht, dass Menschen Hunger leiden, ermordet und vertrieben werden, Kinder ihre Eltern verlieren. Trotzdem findet es statt, an vielen Orten dieser Welt. Und es hilft kein Fortschritt. Der Fortschritt in Form der Medien bringt das Elend zu uns, gleichzeitig können wir aber nichts dagegen tun. Das steigert das Gefühl der Überforderung und Ohnmacht. In den wirklich wichtigen Dingen haben wir überhaupt nichts zu melden. Dafür dürfen wir Plastikflaschen schreddern, den Müll selber wegräumen und Bankdaten eintippen. Früher wusste man wenigstens

nicht, was alles dauernd überall auf der Welt schiefläuft. Heute wissen wir alles beziehungsweise das, was man uns zu wissen gestattet. Und auch das führt zu dem Gefühl, nicht zu genügen, nicht genug zu tun.
Man will doch ein guter Mensch sein, aber wie? Und vor lauter Überforderung ist man dann total gelähmt und hat leider keine Zeit, am Samstag zwischen zehn und zwölf einen Sack mit Kinderspielzeug zur Sammelstelle am Flüchtlingslager zu bringen, weil man es die Woche davor nicht geschafft hat, im Keller danach zu suchen. Ein guter Mensch sein kostet Zeit.
Schon in unserem eigenen Leben – so kommt es uns jedenfalls vor – haben wir viel zu wenig Handlungsspielraum. Wie sollen wir da etwas tun können, was die Welt beeinflusst? Fangen wir doch mal bei uns an. Mit den Dingen, die uns wichtig sind. Doch dann darf man sich nicht verführen lassen von Fernsehen und Fertiggerichten. Sich eine eigene Meinung zu bilden ist anstrengend, aber auch eine Voraussetzung für Häkchen auf der To-be-Liste.

Der ganz normale Wahnsinn

Innehalten und Stehenbleiben sind Rückschritt. Aber manchmal ist der Fortschritt ein Rückschritt. Manche Menschen, die in der ehemaligen DDR groß wurden, sagen, dass sich ihre materiellen Lebensumstände nach der Wende zwar verbessert hätten, doch sie empfänden die zwischenmenschliche Atmosphäre insgesamt kälter als damals.

Es kann nicht alles gut oder alles schlecht sein. Aber wir können uns das Gute herauspicken, und das ist ein unglaubliches Privileg. Wir können uns verweigern. Und wir können auch mal laut, nicht nur in humorvollem Tonfall sagen: Na, du weißt ja, wieder mal der ganz normale Wahnsinn.
Jeder nimmt den normalen Wahnsinn hin und wieder für sich in Anspruch. Wie soll man das auch anders nennen. Wir sind schon fast wie Mauersegler, die nie anhalten, oder doch fast nie. Nur zur Brut begibt sich der Mauersegler auf festen Boden. Die übrige Zeit seines Lebens verbringt er in der Luft, vermag sogar im Fliegen zu schlafen. Auch Nahrungssuche, Wasseraufnahme und die Paarung werden »im Flug« erledigt. Man könnte sagen, wir haben noch Luft nach oben!
Claudia bittet um Verständnis, dass sie sich so lange nicht gemeldet hat. »Ich bin doch umgezogen, und in der alten Wohnung hatte ich kurz vor Schluss noch einen Wasserschaden. Dann ist mein Chef verunglückt, und ich habe ihn vertreten, während Moritz doch jetzt aufs Gymnasium gekommen ist, und dann ist auch noch mein Stiefvater gestorben, und meine Mutter ist völlig durch den Wind.«
Man hat ehrlich gesagt gar nicht gemerkt, dass Claudia sich so lange nicht gemeldet hat. Wahrscheinlich war man sogar froh, weil bei einem selbst ebenfalls der normale Wahnsinn tobt. Und weil das bei allen so ist, ist das auch gar nicht erwähnenswert, das ist eben so, wie beispielsweise im November öfter mal Nebel aufzieht oder der Regen im Sommer warm ist. Ein Naturgesetz.

Da kann man nichts machen. Davon abgesehen, ziemt es sich nicht, über die Maßen zu jammern und anderen ihre kostbare Zeit zu stehlen. Man hat doch eben gehört, was die alles am Hals haben, da hängt man sich nicht unhöflicherweise auch noch dran, wenngleich man doppelt so viel Stress hat wie die, aber die sind nun mal nicht belastbar. Höfliche Zeitgenossen nehmen Rücksicht und bringen andere nicht in die Verlegenheit, Trost spenden zu sollen. Es ist unverzeihlich, das Räderwerk aufzuhalten. Denn es kommt einzig und allein darauf an, dass fortgeschritten wird, marsch, marsch!

Früher glaubte ich, es wäre ein Fortschritt, wenn Leute, denen es nicht gut geht, das auch sagen würden. Als ich das erste Mal in Amerika war, bemühte ich mich, auf die Frage *How do you do*? eine Antwort zu geben, für die sich natürlich niemand interessierte. Ich erzählte tatsächlich, wie es mir ging. Bis ich begriff, dass ich nicht alles ins Deutsche übersetzen sollte. Es regnet in Deutschland ja auch keine Katzen und Hunde, beispielsweise. Aber eine Weile glaubte ich durchaus, es wäre wichtig, die Wahrheit zu sagen, um der allgemeinen Floskelei etwas entgegenzusetzen. Eine Programmleiterin in einem Verlag fragte mich einmal, wie es mir gehe, und ich erklärte es ihr: Ein wenig melancholisch, weil ich einen komischen Traum hatte. Nun, diesen Buchauftrag bekam ich dann doch nicht.

Es ist richtig, dass man in einer Geschäftsbeziehung die Leute nicht mit Privatkram belästigen soll. In einer Geschäftsbeziehung soll man erst mal funktionieren. Klar

gibt es Geschäftsbeziehungen, die so herzlich sind, dass man auch mal eine Befindlichkeit anbringen kann. Doch dafür gibt es ja das Privatleben. Freunden kann ich erzählen, wie es mir geht.
Tatsächlich? Oder sind wir nicht auch hier zu weit fortgeschritten?
Es geht mir gut, alles passt, alles perfekt.
Warum ist das so? Weil wir uns nicht auf die Nerven fallen wollen, weil wir niemanden belästigen wollen, weil wir nicht hören wollen, dass es einem anderen womöglich schlecht geht, weil – ja, warum?
Wenn man das Leid nicht teilt, wie soll man dann erst die Freude teilen? Die ist ja immer viel schwerer zu teilen. Denn da muss man befürchten, auf Neid und Missgunst zu stoßen, was man ja auf keinen Fall möchte.
Und schon wieder sind wir mittendrin in der Beschleunigung. Wenn ich mit allen und allem in Konkurrenz stehe – was eine Folge der Beschleunigung ist, weil Tempo ein Kriterium darstellt –, dann kann ich es mir auch nicht leisten, meine Konkurrenz wissen zu lassen, dass ich angeschlagen bin. Was aber bleibt von dem Wert der menschlichen Beziehungen, wenn man sich gar nicht mehr wahrhaftig begegnet, sondern nur noch glatt polierte Geschichten und Gesichter vorzeigt? Und natürlich hat die Schönheits-OP nicht wehgetan, die ja auch noch geleugnet wird. Schließlich ist man automatisch schön und erfolgreich. Und reich.
Wie gehen Sie damit um, wie es Ihnen geht?
Wer sagt denn, dass es vorne immer besser ist?

Und dass man sich bloß nichts anmerken lassen darf? Werden wir dann behandelt wie ein verletztes Rudelmitglied, das man zurücklässt in der Steppe, weil es nicht mehr tragbar ist? Darf niemand merken, dass es uns nicht so gut geht? Oder sind nicht vielmehr solche Begegnungen besonders intensiv? Ja, aber daraus könnte eben auch eine Verpflichtung erwachsen. Der Fortschritt hat uns manchmal dahingebracht, dass auch Freunde als Zeitfaktor gesehen werden. Und deshalb will man von ihrem Leid zuweilen so wenig wissen wie von den Kriegsschauplätzen irgendwo auf der Welt. Weil man sonst etwas tun müsste, wofür man aber leider keine Zeit hat. Obwohl die menschlichen Werte natürlich an Nummer eins stehen.

Man ist halt immer so wahnsinnig beschäftigt. Das ist auch das Gute am Fortschritt. Man ist so mit dem Schreiten beschäftigt, dass man überhaupt nicht dazu kommt, sich mit dem zu beschäftigen, was jetzt ist, weil man ja weitermuss. Und das ist sehr förderlich: Wenn man immer schön in Bewegung bleibt, kann auch das absolut schreckliche, gnadenlose Grauen nicht passieren. Und man hat keine Zeit, über all das mal nachzudenken. Dann würde man nämlich merken: Der Kaiser ist nackt.

Das Grauen der Langeweile

Nie im Leben würde ich zugeben, dass mir mal langweilig ist. Ich würde behaupten, dass mir schon seit Jahren nicht mehr langweilig war. Ich erinnere mich aber an manche langen Sonntagnachmittage meiner Kindheit, an

denen sich die Knödel wie eine Perlenkette aneinanderreihten und man es kaum erwarten konnte, bis endlich Winnetou im Fernsehen kam. Damals gab es drei Fernsehprogramme. Das Erste, das Zweite und das Dritte.
Mama, mir ist langweilig.
Dann mach was.
Gut, ich machte irgendwas. Und dann kam schon Winnetou. Wenn es richtig gut gelaufen wäre, optimal sozusagen, hätte ich Winnetou verpasst, weil das, was ich gemacht hätte, mich in einen Flow gebracht hätte, wie man sagt, wenn man ganz mit seinem Tun verschmilzt. Flow soll gesund sein. Künstler und Leute, die Ideen haben, kriegen so was. Man kann auch in der Hobbywerkstatt in den Flow geraten, beim Tomatenpflanzen, und Steuerberater schaffen es vielleicht sogar beim Bilanzieren. Seit Jahrzehnten schon ist der Flow total in. Gemeint ist damit die Freude am Tun im Hier und Jetzt. Der Erfinder des Flow – der dabei höchstwahrscheinlich ein Flow-Erlebnis hatte –, der Glücksforscher Mihály Csíkszentmihályi, schreibt: »Der Mensch ist glücklich, wenn er Flow erlebt.« Flow (Fließen, Rinnen, Strömen) bezeichnet das Gefühl der völligen Vertiefung und des Aufgehens in einer Tätigkeit. Im Deutschen bekannt als Schaffensrausch oder Tätigkeitsrausch. Wikipedia übersetzt den Begriff auch als Funktionslust. Was für eine Zusammensetzung und wie treffend für unser Thema: Die (Un-)Lust am Funktionieren …

Flow ist keine Formel-1-Disziplin, doch sicher gehört es zur Formel 0, wenn auch nicht zur Formel ∞. Denn da

befänden wir uns dort, wo wir sind. Beim Flow hingegen beschäftigen wir uns konzentriert, freudvoll und kreativ mit etwas und entfliehen dabei dem, was ist. Ein Mensch im Flow merkt in seinem Schaffensrausch oft gar nicht, wo er sich befindet. Alles, was mit Rausch zu tun hat, zündet ein Feuerwerk im Gehirn – deshalb das Glücksgefühl beim Flow.
Mit Flow kenne ich mich aus, ich bin oft selbst drin beim Schreiben. Und zack sind schon wieder drei Stunden vergangen, und ich habe es nicht gemerkt. Ja, es ist ein schönes Gefühl, sich vollständig in etwas zu versenken. Ein Gefühl, das bei vielen Menschen zum seltenen Gast geworden ist, weil wir ja ständig abgelenkt sind. Nicht bloß von unseren elektronischen Kameraden, die wir – Sie erinnern sich – ausschalten können. Eigenhändig. Man braucht dazu keine Petition einzureichen. Die Wissenschaftlerin Gloria Mark hat in einer Studie herausgefunden, dass Büroangestellte im Schnitt alle elf Minuten von ihrer eigentlichen Arbeit abgehalten werden – durch Telefon, Fax, E-Mail, SMS oder Kollegen. Wer alle elf Minuten unterbrochen wird, kann sich nur oberflächlich mit einem Thema befassen. Marks Analyse zufolge wendeten sich die Büroangestellten nach jeder Unterbrechung mindestens zwei anderen Aufgaben zu, ehe sie zu ihrer ursprünglichen Tätigkeit zurückkehrten. Wo war ich gleich noch mal stehen geblieben? Rund acht Minuten dauerte es, bis die Angestellten wieder auf dem Stand vor der Unterbrechung waren. Blieben also noch drei Minuten bis zur nächsten Unterbrechung. Und genauso fühlen sich viele Leute abends,

wenn sie ihre Büros verlassen. Als hätten sie nichts geschafft, und das stimmt ja auch.
So türmt sich die Arbeit für den nächsten Tag; schon morgens, wenn man den Computer hochfährt, quillt der Mailkasten über. Und man hat ja noch nicht mal alle Anfragen aus dem letzten Monat beantwortet, bloß gelesen, wie die Mehrheit aller E-Mail-Nutzer. Die meisten Menschen lesen eingehende Nachrichten sofort oder kurz nach ihrem Eingang, egal ob sie gerade in großer Hektik sind oder nicht. Damit boykottieren sie sich selbst. Ein deutlich besseres Gefühl stellt sich ein, wenn man Aufgaben durchgängig erledigt. Dazu ist es hilfreich, beispielsweise täglich für vier Stunden keine Anrufe entgegenzunehmen, keine Mails zu beantworten. Viele Leute staunen, wenn sie es einmal mit dieser Methode probieren: Man schafft tatsächlich eine Menge weg und verlässt seinen Arbeitsplatz zufriedener.
Gloria Mark hat bei ihren Untersuchungen herausgefunden, dass das Klagen über Arbeitsunterbrechungen einhergeht mit der Bereitschaft der Betroffenen, sich unterbrechen zu lassen. Man könnte ja etwas verpassen, womöglich etwas Wichtiges. Am beeindruckendsten an Gloria Marks Studie ist aber wohl die Beobachtung, dass sich die Büroangestellten an die Störungen gewöhnten. Blieben sie aus, führten sie sie selbst herbei, indem sie sich Kaffee holten, Blumen gossen, mit Kollegen sprachen. Und hier ist es wie überall sonst: Wir übertragen unser Verhalten aus der Arbeitswelt in das Privatleben und führen dort womöglich Bruchstückgespräche, hören nicht zu, springen auf, zappen, fangen viel an und

bringen nichts zu Ende. Denn leider gelingt es eben nicht, den Büromenschen beim Pförtner abends auszuziehen und ihn erst am nächsten Morgen wieder anzulegen.
Lehrer beklagen, dass auch viele Kinder nicht mehr konzentriert arbeiten können. Wir haben die Fähigkeit zur Konzentration wohl tatsächlich eingebüßt, all die Mäuse haben sie angeknabbert. Nager sind häufig von Parasiten befallen; diese haben uns das Virus der Aufmerksamkeitsstörung beschert. Und so, wie wir oft nicht wissen, ob unsere Computer virenverseucht sind, merken wir selbst auch nicht, ob wir uns angesteckt haben. Es fällt uns ja nichts auf. *Wir* fallen ja nicht auf; wir sind wie die meisten anderen. Wir haben keine Zeit, weil das Virus die Zeit frisst. Es ist eine Art Krebs. Und da allen bei dem Höllentempo die Haare ausfallen, also die Sekunden und Minuten, wird es normal. Immer was tun, nur nicht ruh'n – normal. Daran sind wir gewöhnt, das muss so sein. Hauptsache, es kommt keine Langeweile auf. Hauptsache, das Grauen der Untätigkeit und Muße wird ausgeschaltet, indem man alles andere einschaltet. Niemand gibt zu, dass ihm langweilig ist. Langeweile ist ein intellektuelles Armutszeugnis. Wer kreativ ist, kann sich beschäftigen. Heutzutage ist es so einfach wie nie, sich zu beschäftigen und ein aktives Gefühl dabei zu haben. Da wird nicht auf Winnetou gewartet, da wird auf Winnetou geklickt.
Langeweile ist Stille. Die Uhr tickt laut in einem Zimmer. Vielleicht ein kleiner Elektroschock zur Aufheiterung? Langeweile ist zäh. Man ist nicht direkt satt, hat

aber auch keinen Hunger. Später passiert wieder was. Jetzt ist gerade nichts. Jetzt ist langweilig.
Eine lange Weile. Eine lange Weile Stillstand. Es ist, als würde man plötzlich eine leere Schublade in einem Schrank finden. Schnell was reinlegen? Man könnte sie auch einfach leer offen stehen lassen. Was könnte da rein? Oder liegt vielleicht sogar was drin, wenn man mal ganz genau nachschaut? Und was passiert, wenn sie leer bleibt?
In der Langeweile verstecken sich Kostbarkeiten. Man muss beharrlich sein, um sie zu finden. Und mutig, denn Langeweile flößt Furcht ein. Doch wer diese lange Weile bleibt, wird erstaunt sein, was sich offenbaren kann. Was geschehen kann, wenn nichts geschehen muss. Was entstehen kann, wenn nichts entstehen muss. Nichts anderes tun, als das Leben auszuhalten. Das pure Leben.
Genau das sind wir nicht mehr gewöhnt, weil dauernd was ist. Deshalb macht uns die Langeweile Angst, weil wir glauben, wir müssten immer weiter, dürften niemals stehen bleiben. Wer bremst, verliert. Wir verschwenden jede Menge Zeit, wenn wir nichts tun. Was also kann ich tun? Der Supergau: Ich habe Zeit und langweile mich.
Was macht man im Job, wenn man merkt, dass man ins Hintertreffen gerät? Man versucht, den Rückstand aufzuholen. Lernt abends Englisch, besucht ein Kommunikationsseminar. Genauso wichtig sollten wir auch unsere Unzulänglichkeiten in der Freizeit nehmen und uns in Geduld und Gelassenheit üben, Löcher in die Luft

schauen. Wir glauben, wir müssten lediglich Aktivität trainieren, doch das ist ein Trugschluss. Nur wenn ich einen Muskel entspanne, kann ich ihn auch wieder anspannen. Nur wenn nach Phasen von hohem Stress auch solche folgen, in denen es ruhiger läuft, können wir den Stress gut bewältigen, vielleicht manchmal sogar genießen. Aber wir müssen immer erst wieder runterkommen. Die große Kunst ist das Umschalten von Stress auf Ruhe.
Das kennen Sie bestimmt auch aus dem Urlaub. In den ersten Tagen ist man meistens voller Tatendrang. Das Tempo des Alltags ist noch da – erst allmählich kommt man zur Ruhe, wird langsamer, erholt sich. Diesen Übergang sollte man sich gönnen! Denn unsere Gewohnheiten schreiben sich in unsere biologische Struktur ein. Wenn wir morgens daran gewöhnt sind, Kaffee zu trinken, kommen wir ohne nicht in Schwung. Unsere Körperzellen brauchen, woran sie gewöhnt sind, und das kann auch eine tägliche Dosis Stress sein. Der im Urlaub plötzlich ausbleibt.
Bei unseren Computern ziehen wir nicht einfach den Stecker, sondern fahren sie schonend runter. Und genau das sollten wir in den ersten Urlaubstagen auch tun und nicht von uns verlangen, sofort total entspannt zu sein. Das wird dann schon, und meistens fühlt man sich wohl mit diesem neuen Tempo, vom Rasen zum Gehen. Man möchte es sogar in den Alltag hinüberretten, was meistens nicht klappt. Weil man sich im Alltag keine neuen Gewohnheiten antrainiert, sondern die alten wieder aufnimmt.

Alles, was neu ist, müssen wir üben. Auch Ruhe, Terminfreiheit, Zeit zu haben. Und ist das nicht wunderschön: Ich habe Zeit. Sagen Sie das ruhig mal. Ich habe Zeit! Wenn Sie es laut sagen, wird man Sie womöglich verblüfft mustern. Sie sind im Besitz von etwas, was sich die meisten Menschen wünschen.

Petrus, ich wünschte, ich hätte mehr Zeit gehabt.
Du hast auf Erden eben zu wenig Löcher in den Himmel geschaut.
Ich war beschäftigt.
Du hast immer nur nach unten geschaut. In deine digitale Ersatzbibel.
Okay, ich weiß. Das habe ich aber auch gebüßt mit meinen Nackenschmerzen.
Die Wirbelsäulen einer ganzen Generation sind verbogen.
Irgendwas wird der Fortschritt schon erfinden.

BOXENSTOPP: DAS LICHTLOCH AM ENDE DES TUNNELS

Leute, die eine Nahtoderfahrung erlebten, berichten oft von einem Tunnel, den sie passieren mussten. Am Ende des Tunnels habe ein unbeschreiblich schönes Licht auf sie gewartet, das sie magisch anzog. Doch sie wurden »zurückgeschickt«, was die meisten bedauerten. Dies alles geschah in einer rasanten Geschwindigkeit, die jedoch nicht als Hetze wahrgenommen wurde. Im Zwischenraum von Leben und Tod, erzählen viele Menschen, sei ihr ganzes Leben in Sekundenbruchteilen vor ihnen abgelaufen, und viele fügen hinzu, dass ihnen dabei einige Lichter aufgegangen seien. Die meisten Menschen verändern nach einer Nahtoderfahrung ihr »geschenktes« Leben, das sie manchmal gar nicht haben wollten. Weil sie nun für sich wissen, was wichtig ist. Ich würde es vorziehen, so etwas ohne Nahtoderfahrung herauszufinden, und ich glaube, dass das auch möglich ist, wenn ich immer wieder mal Kurskorrekturen vornehme. Den Zielhafen kann ich ohnehin nicht beeinflussen.

Dem Tod können wir bei allem Fortschreiten nicht davonlaufen. Auch wer sich einfrieren lässt, bleibt erst mal ein paar Jahrzehnte auf Eis liegen, Aufwachen ungewiss. Fragt man sehr alte Menschen, was sie am Lebensende bedauern, so sagen sie oft, dass sie gern mehr Zeit gehabt hätten. Manche finden es schade, dass ihnen der Mut für das eine oder andere Abenteuer gefehlt hat, dass sie die Sicherheit dem Risiko vorzogen. Niemand denkt gern an den eigenen Tod, dennoch kann das Bewusstsein, dass nicht nur die anderen sterben, sondern dass auch das eigene Leben endlich ist, genau dieses Leben bereichern. Man hat nicht alle Zeit der Welt. Wie also will man sie verbringen? Wäre es nicht wundervoll, wenn man als alter Mensch in einem Schaukelstuhl sitzen könnte, vielleicht umgeben von Enkeln und Urenkeln, und sanft wippend wüsste, dass man alles richtig gemacht hat, den Umständen entsprechend gut genug? Aber wahrscheinlich gibt es dann ja gar keine Schaukel-

stühle mehr, nur noch virtuelle, auf denen man mit Hilfe einer 3-D-Brille Platz nimmt, einen Joystick in den womöglich gichtigen Händen.
Woran erinnert man sich am Ende seines Lebens? Es gibt ja keine Garantie dafür, dass man überhaupt ein sehr alter oder alter Mensch wird. Erinnert man sich dann an den Schnickschnack, den man im Eineuroladen gekauft hat? Oder an den Mann fürs Leben, den man sich beim Schnickschnackkaufen geschnappt hat?

Ein älterer Herr, Seniorchef eines mittelständischen Unternehmens, erzählte mir einmal: »Ich wollte Wohlstand schaffen für meine Familie. Der Preis, den ich dafür bezahlte, bestand darin, dass ich keine Zeit für meine Familie hatte. Ich konnte meinen Lieben alles kaufen, was sie sich wünschten, und auch mir selbst. Ich hatte sogar ein Motorboot. Leider hatte ich nie Zeit dafür, obwohl ich mir das schon als kleiner Junge gewünscht hatte. Wohlstand und Zeit vertragen sich nicht, außer man ist sehr reich und lässt andere arbeiten.« Aber die wirklich Reichen haben oft große Ängste, dass ihr Reichtum schrumpfen könnte. Besitz stresst und versklavt. Der alte Herr schloss mit folgender Erkenntnis: »Man muss viele Dinge erst besitzen, um zu bemerken, dass man sie nicht braucht.« Ja, so sind wir Menschen. Wir können uns die meisten Situationen und auch Katastrophen erst vorstellen, wenn sie eingetroffen sind. Vorher bleiben sie vage, auch wenn wir gewarnt wurden. Wer trotz finanzieller Sorgen ein Unternehmen gründet, hört nicht auf die Warnungen anderer, die sich hoch verschuldeten. Wer heiratet und keinen Ehevertrag abschließt, ist sicher, dass es bei ihm gut geht, auch wenn die Scheidungsquote in manchen Großstädten bei knapp fünfzig Prozent liegt. Wir versuchen es trotzdem, vielleicht haben wir Glück.

Viele haben Glück, andere bleiben auf der Strecke. Manche von ihnen hätten das vorher wissen können. Wenn man fünfzig Stunden in der Woche arbeitet, zwei kleine Kinder und Geldsorgen hat, sollte man vielleicht nicht auf die Idee kommen, sich auch noch einen eigenhändigen Hausbau aufzubürden. Nur damit man auch ein Eigenheim besitzt wie alle anderen? Damit die Kinder mal was erben, für die man leider keine Zeit hat? Ein Gegenstand ist zwar eine Sache, trotzdem stellt er Ansprüche, man trägt Verantwortung, muss sich kümmern. Und so werden manche Besitztümer zu Lasten, weil sie uns immer neue Aufgaben aufbürden. Je größer ein Besitz, desto schwerer ist es auch, ihn aufzugeben. Vom alten Sofa und von Klamotten trennt man sich leicht. Aber manchmal hängen zu viele Erinnerungen an einem Ding, um es loszulassen. Ich fotografiere es dann einfach, bevor ich mich davon trenne. So bewahre ich mir die Erinnerung. Die muss ich nicht putzen und abstauben, die stellt keine Forderungen an mich und verlangt keine Zinsen. Das größte Ding, das gejagt wird, ist Geld. Geld ist extrem hungrig. Es verschlingt die Zeit der Menschen.

Auf dem Seitenstreifen

Eile macht emotionslos. Hetze macht hartherzig. Wer sich an das Rasen gewöhnt hat, kann nicht anhalten. Manchmal sollte man aber anhalten, weil ein Mensch in Not ist. Also muss derjenige, der rast, die Not des Bedürftigen relativieren, sonst könnte er ja nicht guten Gewissens weiterrasen. Ist das eine Welt, in der ich leben will? Nein. Kann ich eine Partei wählen, die das ändert? Nein. Aber ich kann im Kleinen immer, immer, immer bei mir selbst anfangen.

Es gibt viele schreckliche Beispiele, in denen Menschen zu Tode kamen, weil andere, die hätten helfen können, nicht geholfen haben. Denen wird dann oft Gleichgültigkeit unterstellt. Das stimmt nicht unbedingt. Man denkt, ein anderer wird sich schon kümmern. Man weiß nicht, was man tun soll. Oder man ist so schnell, dass man gar nicht merkt, was um einen herum geschieht. Unvergessen ist mir die Erzählung eines befreundeten Piloten, der jahrelang mit dem Rettungshubschrauber unterwegs war und der zu schwersten Unfällen gerufen wurde, bei denen jede Sekunde zählt, um ein Menschenleben zu retten. Doch leider konnte der Hubschrauber oft nicht landen, weil die Autofahrer auf der Autobahn nicht bereit waren anzuhalten. So rotierte der Hubschrauber über einer Unfallstelle, unten rasten Autos noch ganz schnell durch: Nur ich, nur schnell ich noch, wenn ich jetzt bremse, dauert das dann ja ewig. Und daneben verblutet vielleicht ein Mensch. Daran denkt aber keiner von denen, die mal eben noch schnell durchzischen. Weil Tempo, Ziele, das eigene Programm wichtiger sind als das Leben eines anderen Menschen. Der Hubschrauber dreht ab und landet irgendwo auf dem Feld. Kostbare Minuten verstreichen, bis die medizinischen Gerätschaften zum Unfallopfer gebracht werden. Der Verkehr fließt reibungslos, bis die Polizei ihn endlich anhält, was lange dauert, da keine Rettungsgasse gebildet wurde und besonders Eilige, die bei der nächsten Ausfahrt ohnehin von der Autobahn abbiegen wollten, den Seitenstreifen blockieren – womöglich zu den Klängen ihrer Entspannungs-CD.

Manche Menschen mit Nahtoderfahrungen berichten davon, dass ihnen während des raschen Lebensrückblicks in dem Lichttunnel ein paar Situationen einfielen, die sie seinerzeit ganz anders eingeschätzt hatten. Sie wollten doch niemanden kränken, verletzen. Es fehlte ihnen einfach die Zeit, es zu bemerken.

So rasen wir jeden Tag an Menschen vorbei, denen wir uns zuwenden könnten. Nicht nur Fremden. Wir treffen Bekannte auf der Straße, im ersten Moment freuen wir uns vielleicht, dann denken wir, um Himmels willen, ich hab jetzt echt keine Zeit für den. Schön, dass er noch lebt, aber das reicht ja dann wohl auch. Mit einem flotten Spruch verabschieden wir uns, sogar ein bisschen stolz darauf, wie geschickt wir das »Problem« der Begegnung gelöst haben. Aber alles, was uns aufhält, ist nun mal ein Problem. Wir glauben, wir hätten die Fäden in der Hand, und sehen nicht, wie viele uns entgleiten, ja, merken gar nicht, dass da noch andere wären. Wir reden von Win-win und verkennen, dass wir doppelte Niederlagen produzieren.

Wann haben Sie zuletzt mit einem Wildfremden geredet, einfach so? Ohne danach Visitenkarten auszutauschen oder irgendeine Absicht. Zwei Menschen, ein paar Sätze, ein freundlicher Abschied – und dann geht man weiter seines Weges. So eine Kleinigkeit ist manchmal *das* Ereignis, von dem man am Abendbrottisch erzählt.

LEBENSWEISHEIT

Wenn ich mein Leben noch einmal leben könnte, im nächsten Leben, würde ich versuchen, mehr Fehler zu machen. Ich würde nicht mehr so perfekt sein wollen, ich würde mich mehr entspannen. Ich wäre ein bisschen verrückter, als ich es gewesen bin, ich würde viel weniger Dinge so ernst nehmen. Ich würde mehr riskieren, würde mehr reisen, Sonnenuntergänge betrachten, mehr bergsteigen, mehr in Flüssen schwimmen.
Ich war einer dieser klugen Menschen, die jede Minute ihres Lebens fruchtbar verbrachten; freilich hatte ich auch Momente der Freude, aber wenn ich noch einmal anfangen könnte, würde ich versuchen, nur mehr gute Augenblicke zu haben. Falls du es noch nicht weißt, aus diesen besteht nämlich das Leben; nur aus Augenblicken; vergiss nicht den jetzigen.
Wenn ich noch einmal leben könnte, würde ich von Frühlingsbeginn bis in den Spätherbst hinein barfuß gehen. Und ich würde mehr mit Kindern spielen, wenn ich das Leben vor mir hätte. Aber sehen Sie … Ich bin 85 Jahre alt, und ich weiß, dass ich bald sterben werde.

Jorge Luis Borges zugeschrieben

INFORMATIONSINFARKT

Angeblich verdoppelt sich das Wissen der Menschheit alle fünf Jahre. So ein Pech aber auch. Vor fünf Jahren, ha!, da hätten wir es uns noch draufgeschafft, aber jetzt wird es echt zu viel. Und hast du schon gehört, dass Vollmondwasser viel gesünder ist als Halbmondwasser? Der Dingens soll ja schwul sein. Die Lage der Flüchtlinge ist dramatisch. Die Dingens hat sich liften lassen und gibt es nicht zu. Das Eis an den Polarkappen ist so stark geschmolzen wie noch nie. Schleck bloß keinen Joghurtdeckel ab, da kannst du Alzheimer kriegen. Versicherungen zahlen im Schadensfall nicht mehr, wenn ein Auto falsch bereift unterwegs ist.

Wer im Job weiterkommen will, muss konkurrenzfähig sein, und dazu muss er wissen, was die Konkurrenz macht und eine riesige, ständig wachsende Datenflut überwachen. Stress pur. Vor lauter Informationensammeln kommt man nicht mehr zum Arbeiten. Die Zeit wird knapp. Das Resultat ist bekannt: Wir sind hilflos, handlungsunfähig, inkompetent, überwältigt. Experten sprechen vom infobiologischen Unzulänglichkeitssyndrom. Menschen leiden darunter, die eingehenden Informationen nicht schnell genug aufnehmen und verarbeiten zu können. Die psychologische Forschung belegt, dass die Informationsflut unsere körperliche und psychische Gesundheit gefährdet.

Um in die Tiefe zu gehen, fehlt die Zeit. Wir versuchen, das Wesentliche zu erfassen, und begreifen irgendwann gar nichts mehr. Die Masse an Informationen, die wir überprüfen, sammeln, die auf uns einstürzt, führt eben nicht dazu, dass wir immer leistungsfähiger werden. Das Gegenteil ist der Fall. Sinnbildlich paddeln wir in einem Suppenteller, über dessen Rand wir schauen sollen, und von oben wird unablässig Brei über uns geschüttet, heiß und klebrig, und wir sollen Spurenelemente von Rosinen finden. Das Gehirn wird wegen Überfüllung geschlossen. Sobald unser Gehirn mit Reizen überflutet wird, schützt es sich.

Und das muss es in unserer Zeit häufig tun. Wo man geht und steht, wird man mit Informationen bombardiert, für die man sich eigentlich nicht interessiert, vor allem im Internet und Fernsehen. Oftmals sind sie so aufbereitet, dass man dann doch dranbleibt. Wie hat der Chirurg den Surfer zusammengeflickt, der in Hawaii mit dem Hai kämpfte? Im Trailer erklärt der Chirurg, dass er noch nie so etwas Schreckliches gesehen habe. Nach der Werbung dann die schlimmsten Autobahnunfälle und wie man sich bei einem Autobrand verhalten soll. Klar, das muss man wissen, das passiert täglich ungefähr so gut wie nie, und wenn doch, hat man die Sendung ohnehin vergessen.

Zwischendurch jede Menge Kunterbuntes. Viele Menschen lieben Klatsch und Tratsch und fühlen sich wohl im munteren Austausch von Halb- und Achtelwissen, Hauptsache, es gibt was zu quatschen. Irgendjemand muss die Luft schließlich zum Zirkulieren bringen. Irgendwelche Themen poppen ständig auf, gehen unter. Darüber zu reden ist der Klebstoff im gesellschaftlichen

Miteinander. Da muss man schon einigermaßen Bescheid wissen.
Noch besser sollte man Bescheid wissen in den Bereichen, die einen persönlich betreffen und beruflich relevant sind. So gibt es niemals mehr Ebbe. Es herrscht immer Informationsflut, die Wellen aus Amerika, aus der ganzen Welt schwappen an unser Ufer. Wir sind zu Info-Messies geworden. Und ein Update gilt oft nur wenige Tage, Stunden.
Es ist gut, offen für Neues zu sein, und es gehört auch zur Basisausstattung des Menschen, sonst hätten wir uns nicht weiterentwickelt. Aber wenn Sie an Zeitknappheit leiden, sollten Sie sich angewöhnen, die Versuchungen, die Ihre Neugier oberflächlich wecken, kurz zu checken. Ist das jetzt wirklich wichtig für mich? Bringt mir das was? Und dann auch mal darauf verzichten. Besonders auch beim Zappen. Im Grunde wissen Sie doch, dass Sie morgen früh vergessen haben werden, was Sie sich heute reinziehen. War da was im Menü? Nein, da war nichts, nur zirka vierundsechzig Mal Filmblut an Leiche. Also können Sie es auch bleiben lassen und stattdessen Ihr eigenes Fernsehprogramm aus der Luft schauen.

Keine Zeit für die Zeit

Und wie ist es mit all den gedruckten Informationen? Bis vor einem Jahr habe ich die Wochenzeitung *Die Zeit* abonniert. Alles lief gut, bis ich drei Wochen nicht zu Hause war und mich dann mit vier Ausgaben der Zeitschrift herumschlagen musste. Allein das Format ist so

sperrig, dass das Lesen zu einem Zweikampf am Frühstückstisch ausartet. Aber es steht auch immer viel drin, hochinteressante Artikel, Dossiers, Reportagen. Ich konnte sie nicht wegwerfen. Ich musste sie lesen. Und da ich mich schon von der Tageszeitung verabschiedet hatte, weil ich sie nicht schaffte, sondern sie mich, verlangte ich von mir, dass ich fast alles las. Ich lernte Länder kennen, von denen ich noch nie gehört hatte, und erfuhr, wie schlecht oder gut die Welt war. Meine Lieblingsseite war die Rubrik »Was mein Leben reicher macht«. Das waren aber nur immer wenige Zeilen. Die *Zeit*-Ausgaben lagen im Wohnzimmer. Ich hatte immer ein schlechtes Gewissen, wenn ich hinschaute. Die *Zeit* machte mir schlechte Laune, wann sollte ich das alles lesen? Ich konnte die *Zeit* doch nicht einfach ungelesen in den Papiercontainer geben. Man schmeißt keine Lebensmittel oder Buchstaben weg!
Es kostete mich ein ganzes Wochenende, *Die Zeit* zu lesen. Mittlerweile waren es fünf oder sechs Ausgaben. Ich hätte mit Genuss lesen können, wäre ich nicht so gehetzt gewesen. Ich fühlte mich gut, als alle weg waren, aber da kam schon die nächste längere Abwesenheit, und wieder wuchs der Stapel. Ich kündigte mein Abo, womit ich der *Zeit* nicht kündigte, ich wollte sie mir am Kiosk kaufen, alle zwei Wochen. Doch dann rief mich ein überaus sympathischer Mitarbeiter aus der Werbeabteilung an und fragte mich, ob ich denn nicht zufrieden gewesen wäre. O doch, betonte ich. Das Problem mit der *Zeit* sei die Zeit. Der Mann verstand mich. Er war wirklich sehr nett. Und er fand mich auch nett,

wie er mir sagte, so nett, dass er mir das Angebot machte, eine Woche umsonst in einem Viersternehotel irgendwo in Deutschland zu nächtigen, wenn ich abermals ein Abonnement abschlösse. Ich wollte nirgendwo in Deutschland hin. Denn bitteschön: wann? Aber das war schon ein tolles Angebot, zumal ich ja eigentlich viel zu wenig von Deutschland kenne und, auf dem Lande lebend, dringend öfter Großstadtluft schnappen sollte. Kurz: Ich abonnierte die *Zeit* erneut und hatte nun doppelten Stress. Zum einen mit den vielen Buchstaben, zum anderen mit dieser Reise. Wann sollte ich die antreten, wenn ich es nicht so machen wollte, wie der Mann vorgeschlagen hatte: Sie nehmen alle ungelesenen Zeitungen mit in das Hotel, das wir Ihnen spendieren, und lesen sie dort.

In einem der Verlage, mit denen ich zusammenarbeite, ist es Sitte, dass die Mitarbeiter die Bücher, die sie nicht mehr brauchen, in ein bestimmtes Regal im Flur stellen. »Magst du was mitnehmen?«, fragte mich einmal eine Lektorin, und ich packte kräftig ein. Doch die Freude war kurz. Als ich die Bücher zu Hause in mein Regal stellte, fragte ich mich, wann ich die denn bitte lesen sollte. So sind viele eigentlich schöne Dinge zur Last geworden, weil es täglich *zu viele* sind, weil ich zu viel aufnehmen muss und mein Hirn von all dem, was ich bereits aufgenommen habe, manchmal müde ist. Deshalb lasse ich meinen eBook-Reader meistens in der Schublade. Der würde ständig was runterladen. Und auch wenn man so einem Reader nicht ansieht, wie dick

er ist – er versteckt seine Pfunde ja geschickt, da stapeln sich keine Bücher antiken Säulen gleich im Wohnzimmer –, ich wüsste, dass das Zeug drauf ist. Und das würde mich nervös machen. Genauso wie die drei Meditations-CDs, die da schon seit Monaten rumliegen.
Ich kenne Leute, die haben nicht bloß *Die Zeit,* sondern auch den *Spiegel, Focus,* die *Süddeutsche* abonniert. Schlafen die irgendwann? Oder reicht das gute Gefühl, ein Abonnement zu haben: Man könnte ja, wenn man könnte? Aber es ist eine ziemliche Papierverschwendung, und es ist, wenn man es genau betrachtet, vor allem völlig verrückt, dass die Dinge, die wir eigentlich gern tun, uns gleichzeitig belasten, weil wir keine Zeit dafür haben, sie aber trotzdem ranschaffen, als würden sie uns die Zeit gewähren, uns mit ihnen zu beschäftigen. Was sie aber nicht tun, im Gegenteil, sie verwandeln sich in unangenehme Mahner. Schade drum! Schade auch, dass allein die Möglichkeit, etwas tun zu können, uns so stresst, uns pflichtbewusste Deutsche. Dass wir uns immer mehr reinstopfen müssen an Möglichkeiten, Wissen, Chancen. Hinzu kommt, dass sich das Leseverhalten durch das Internet verändert hat. Wir klicken uns nicht nur am Rechner durch die Informationen, sondern auch in Büchern. Anstatt Zeile für Zeile zu lesen, rasen wir durch die Buchstaben auf der Suche nach einem Happen: Schnell, schnell das Wesentliche erfassen! Doch das Kennzeichen des Wesentlichen ist oft, dass es Zeit braucht, um erkannt zu werden. Manche Bücher sind wie harte Nüsse. Man muss sich anstrengen, sie zu knacken.

Der Lohn liegt im Eiweiß. Gehirne lieben Eiweiß. Heute wird versucht, sie mit Fast-Think zu verführen. Deshalb sind die Überschriften ja so wichtig. Eigentlich besteht die moderne Welt aus Überschriften, für mehr hat kaum jemand Zeit. An dieser Stelle muss ein Goethe her, der da schrieb: »An Zerstreuung lässt es uns die Welt nicht fehlen. Wenn ich lese, will ich mich sammeln.« Doch wie soll ich mich sammeln bei all den Gratis-Downloads? All die Selfpublisher, Künstler, Wissenschaftler, Hobbyfachleute, die ihre Werke kostnix ins Netz stellen. Haben, haben, haben! Könnte ja was Gutes dabei sein. Denn wer sagt denn, dass nur das gut ist, was es zu kaufen gibt? Man muss es eben finden. Die Spreu vom Weizen trennen. Jede Ähre einzeln betrachten. Schlaf wird maßlos überschätzt, und wer braucht schon Sozialkontakte, wenn es Social Media gibt. Her mit den Geschenken! Und sichern auf die externe Festplatte und besser zusätzlich auf eine zweite. Der Franz kennt einen, bei dem sind an einem Tag Computer und externe Festpatte kaputtgegangen. Katastrophe. Alles weg.
Wieso Katastrophe? Katharsis! Und man kann gar nichts dafür. Man hat nichts gemacht. Der Computer zeigte sich barmherzig.

Um der Buchstabenflut Herr zu werden, müssten die Maschinen das genießen, was der Mensch anhäuft in seiner Sehnsucht danach, sich mit etwas zu beschäftigen, was er gerne hat. Ich stelle mir das so vor: Ich kaufe Bücher oder lade sie auf meinen Reader und schiebe die physischen Bücher über Nacht in ein Gerät, das dann

jede Seite umblättert, das Buch würdigt. So könnte ich am nächsten Morgen das Gefühl haben, ich hätte etwas weggeschafft dank der Hilfe meiner Lesemaschine oder des Programms in meinem Reader, der Seite für Seite durchscrollt. Der Fernseher soll bitteschön all jene Sendungen abspielen, die ich irgendwann mal aufgenommen habe, weil sie sicherlich sehr interessant sind, und rund um die Uhr sollte meine Musikanlage all die Lieder spielen, die ich heruntergeladen habe, weil sie mir irgendwann mal gut gefallen haben und ich ganz sicher bin, dass sie mir gute Laune machen würden. Nur leider habe ich überhaupt keine Zeit, sie mir anzuhören, und wenn es mal ruhig ist, bin ich froh, da will ich gar nichts in meine Ohren reinlassen. Ich bin nämlich abends oft total überhört, übersehen, überinformiert, randvoll.
Wie gern würde ich abends lesen. Aber wie soll das gehen, wenn ich doch schon eine Buchstabenvergiftung habe. Und das nicht unbedingt von hochwertigem Stoff. Wieder einer jener Tage, an denen ich Fast-Read in mich reingestopft habe, und jetzt hat leider nichts mehr Platz.

Digitale Diät

Twitter mich! Fester! Facebooke mich ans Fensterkreuz. Ich plus dich google, dass dir Hören und Sehen vergeht!
SM schrieb ich abends in meinen Stundenplan. Zwei Stunden. Ich schreibe jeden Abend auf, wie lange ich an welchem Projekt gearbeitet habe. SM wie Sado-Maso, fuhr es mir durch den Kopf. Am nächsten Tag schrieb ich vier Stunden auf, dann sechs und acht und auf ein-

mal hatte ich in einem Monat hundertvierzig Stunden SM genossen. Daumenschrauben, Gürtel enger, die sechschwänzige Peitsche. Leder, Lack und Likes!
Hast du nichts anderes zu tun?
O doch, ich hatte eine Menge zu tun, und das sollte auch so bleiben. Aus diesem Grund nahm ich zwei Monate Urlaub von einer der schönsten Sachen der Welt, dem Schreiben, und stieg in den Folterkeller der Social Media. Ich machte es also genau anders herum wie der Journalist Alex Rühle, der ein Buch über sein halbes Jahr offline schrieb: *Ohne Netz*. Ich sprang mitten rein.
Bei Facebook und Google+ war ich längst. Zuerst äußerst widerwillig. Mittlerweile immerhin so, wie man das Bad putzt. Man muss eben. Ich feudelte jedoch nun häufiger bei Facebook als im Bad, nämlich täglich. Aber genügte das? XYZ hat dich eingeladen, seine Seite mit einem »gefällt mir« zu markieren.
Gerne habe ich dich geliked, magst du mich auch liken?
Tri tra trallala, der Like ist da.
Als ich auf einem Posting eines bedeutenden Verlegers las: »Muss jetzt noch schnell unter die Dusche springen, damit ich heute Abend bei der Veranstaltung im Literaturhaus nicht müffle«, war ich ungefähr so schockiert, als würde Angela Merkel sich als Ingeborg Bachmann outen. Sie sei gar nicht verbrannt. Sie sei dann doch wieder gesund geworden, an den Haaren erkenne man das doch wohl.
Katzenfotos werden am häufigsten angeklickt auf Facebook, sagte mir jemand. Nun, da gab es ja auch mal ei-

nen Hit drüber: Katzeklo. Feudeln auf Facebook. Jetzt hatte ich dummerweise aber keine Katze. Und wollte auch keine, weil die raus in die Natur sollte und dann womöglich überfahren würde. Außerdem schreibe ich einen Hundeblog. Mal bei KollegInnen gespickt: Habe heute schon zwei/drei/vier Seiten geschrieben. Mache mir jetzt einen Kaffee.

Bei einem Autorentreffen fragte ich in die Runde. Die Meinungen waren gemischt. Es gab welche, die liebten Facebook, andere hassten es, wieder andere nahmen es hin, wie man halt mal den Müll runterbringen muss. Worin sich alle einig waren: Der Umgang mit Social Media kostet wahnsinnig viel Zeit. Und dazu muss man kein Autor sein. Bücher schreiben kostet auch viel Zeit. Aber ein Buch ist irgendwann mal beendet. Social Media nie. Ich würde mir die Zeit aus den Rippen schneiden müssen, denn der Programmleiter eines Verlages sagte mir, freundlich lächelnd, wie er es immer machte, dass er natürlich auf mich zähle. »Sie sind doch schön aktiv im Netz?«

»Klar«, nickte ich. Wollte ich nicht ohnehin abnehmen? Da konnte ich mir doch durchaus etwas Fleisch aus den Rippen schneiden. Und wenn ich schon dabei war, konnte ich gleich noch einen Twittoraccount anlegen. Ich hab's nicht so mit halben Sachen.

Ich bin Schriftstellerin. Ich will schreiben. Die schönste Sache der Welt … und sie rückte vor lauter SM in die Ferne und noch ein Stückchen weiter weg. Meine Laune: im Keller. Ich stand morgens auf, starrte ohne

Schwung und Lebensfreude auf den blinkenden Cursor. Was schreiben wir heute Schönes? Nichts. Wir foltern uns. Ich setzte Häkchen, die sich mir ins Fleisch bohrten, ich klickte mich durch bis auf die Knochen, ich robbte durch den Schleim der Kommentare und rief heiser die Namen meiner Bücher durch das Netz. Hörte mich überhaupt jemand da draußen, da drinnen?
Was also sollte ich tun? Stecker ziehen? Was bedeutete Sado und was Maso? Denn es gab ja auch schöne Momente. Mails von Leserinnen und Lesern. Austausch mit Kolleginnen und Kollegen – großartig! Ich hielt mich nicht für suchtgefährdet, wie auch, ohne DSL. Während eine Seite öffnet, kann ich mir ein Spiegelei braten. War das Leben mal irgendwann schön gewesen? Ja. Als es noch keine Computer gab. Als ich noch mit Schreibmaschine schrieb. Doch auch Schriftstellerinnen sind fähig, sich zu verändern, wenngleich die feste Stellung, die sie halten, es nicht vermuten lässt.
Nach sechs Wochen, in denen ich alles brav erledigt hatte, was mir eine Social-Media-Strategie-Agentur ans Herz gelegt hatte, wollte ich mehr wissen: Was bedeutete es, wenn ich ein Häkchen hier setzte und nicht dort. Ich kaufte mir ein Buch zu Wordpress, siebenhundert Seiten. Ich arbeitete es durch und öffnete dann ein paar Türen im Keller, die ich noch gar nicht gesehen hatte. Erstaunt stellte ich fest, dass die Foltergeräte hier nicht grausamer waren. Nein, ich entdeckte einen Whirlpool. Traute mich aber nicht rein. Das war bestimmt eine Falle. Ich kaufte mir noch zwei Computerfachbücher. Setzte mich dann auch mal in den Pool und entdeckte die

Saunalandschaft und andere Annehmlichkeiten wie die Häkchenmassage.

Aha. Man musste erst durch den Folterkeller hindurch, um das zu finden. Je mehr ich mich mit Social Media beschäftigte, desto mehr Früchte erntete ich. Ich sah nicht mehr allein die Nachteile, ich lernte auch die Vorteile schätzen. Die Vernetzung der Welt – ein Wunder! Sicher, Fluch und Segen, aber so ist es doch immer. Es liegt an jedem selbst, wie er ein Medium nutzt – und welches er nutzen möchte. Und: Es gibt einen Zaubertrick. Ein Klick, und die ganze virtuelle Welt versinkt. Und diesen Klick mache ich. Ich bin die Chefin dieser Welt, die ich ein- und ausschalte nach Belieben, so wie der liebe Gott in manchen Filmen auch die Programme an seinen Monitoren wechselt oder sie mal abschaltet, weil er nicht mehr erträgt, was die Erdlinge treiben. Es ist wichtig, Chef und Chefin zu bleiben, das habe ich meinen Computern deutlich kommuniziert. Leute, habe ich gesagt, ich schalte euch ein und aus. Vergesst das nicht. Und wenn ihr glaubt, ihr könnt mich mit irgendwelchen psychologischen Tricks manipulieren, wenn ich euch nur ein einziges Mal dabei erwische, dann ziehe ich euch den Stecker raus.

Ich muss sagen: Bis jetzt funktioniert es. Man muss natürlich konsequent sein. Wenn sie merken, dass man das nicht ist, dann sind sie wie Kinder. Aber ich zeige ihnen deutlich ihre Grenzen auf. Es gibt geregelte Fütterungszeiten, es gibt eine geregelte Nachtruhe, die nur in Sonderfällen unterbrochen wird. Ja, es gehört Disziplin dazu, aber die habe ich doch sonst auch. Wenn ich im Netz re-

cherchiere, veranschlage ich eine Stunde, dann muss ich fertig sein. Und ich bin dann auch fertig. Ich könnte noch zehn Stunden weiterklicken. Aber ich nehme mich beim Wort. Weil ich es mir wert bin. Und ich werde nie so wie andere. Auch wenn der Moloch DSL mich demnächst heimsucht. Es soll nicht sein, wie Hartmut Rosa prophezeit, dass ich die Technik nutzen werde, weil sie da sein wird. Ich kann mir ja auch bei DSL ein Ei braten.
Ja, ich werde standhaft bleiben! Und zwischendurch posten, posten, um nicht unterzugehen, posten, um mitzuhalten, dazuzugehören, ich trinke Kaffee, ich gehe aufs Klo, heute koche ich Kürbis, ich bin total k.o. Enter und weg, damit alle wissen, dass ich da bin, immer online, ich schlafe nie, bin da, sehe nicht, was ich poste, weil ich als Postmonster durch die Postmoderne laufe und nach Motiven suche, was ich posten kann, damit die anderen sehen, wie toll mein Leben ist. Was koche ich morgen, was sieht gut aus, und schnell mal hier und dort ein »gefällt mir«, ein Kommentar, wie toll, ein Smiley, damit sie mir folgen, so wie ich ihnen folge, alle miteinander verfolgen sich, freiwillig. Was, zehn Minuten kein neues Post! Habe ich einen Fehler gemacht? Sie mögen mich nicht mehr? Liebt mich! Klickt mich! Ihr seid so süüüß. Muss noch mehr posten. Noch tollere Motive schicken, geil, mein Tweet wurde zwölfmal retweeted. Im Schlaf zucken meine Daumen. Manchmal, wenn ich morgens aufwache, habe ich Stress, was ich twittern soll, man will ja auch originell sein. Hallo TL und liebe Follower, #ff denkt an mich, klickt mich, damit ich meinen Kick kriege.

Nein, so weit wird es nicht kommen. Und wenn doch? Bin ich keine Autorin mehr, sondern ein Automat.

Gehirn-Diät

Es ist schon seltsam. Obwohl wir ständig übers Essen reden, uns mit Essen beschäftigen, anderen Leuten im Fernsehen beim Kochen und Essen zusehen, das gesunde Essen ein Longseller ist und mittlerweile eigentlich jeder wissen sollte, dass die Qualität unserer Nahrung auch die Qualität unseres Lebens beeinflussen kann, sind wir nicht in der Lage, den Magen mit dem Kopf zu verbinden. Umgekehrt ist es anders. Eine Bauchentscheidung würde niemand in Frage stellen, auch wenn sie im Gehirn getroffen wurde.

Im Bauch kennen wir uns aus. Alle wissen, dass zu viel Essen dick macht und Blähungen. Man kann nicht rund um die Uhr essen. Man braucht eine Pause zum Verdauen. Das ist logisch. Es geht was rein, es muss verarbeitet werden, verdaut, und dann geht es wieder raus. Genauso wie bei der Nahrungsaufnahme ist es bei der Erlebnisaufnahme. Immer nur Input macht krank. Wer sein System ständig mit neuen Reizen überflutet, hackt sich selbst. Die Folge: Der Rechner hängt sich auf und stürzt ab. Ja, sogar ein Rechner braucht gelegentlich eine Pause. Er zeigt es uns mit einem Rädchen, das sich dreht, oder der Sanduhr, weil er womöglich weiß, dass wir trotzdem ständig auf die Tasten und Mäuse tippen.

Hallo, ich spreche mit dir. Hörst du mich?

Rüpel. Wieder nur die Sanduhr.

Auch wir Menschen haben eine solche Sanduhr eingebaut. Man erkennt sie an der Augenbewegung. Wenn wir mit der Verarbeitung von etwas beschäftigt sind, schauen wir oft nach oben oder ins Leere. Ich erinnere mich gut an meine Lehrerin in der ersten Klasse, die uns Schüler oft tadelte, wenn wir an die Decke starrten: »Da oben ist die Antwort nicht.« Doch, genau da ist sie!

Wenn wir andere Menschen, die noch mit ihrem Verarbeitungsprozess beschäftigt sind, weiter zutexten, erreichen wir gar nichts. Wo niemand zu Hause ist, kann auch niemand die Tür öffnen. Ob andere bereit für unsere Botschaften sind, können wir erkennen, wenn wir uns auf sie einlassen, wenn wir ihr Tempo berücksichtigen, nicht unser eigenes, mit dem wir Informationen abschießen. Was ja überhaupt nichts bringt, wenn der Empfänger im Moment offline ist. Es ist auch kein gutes Gefühl, wenn man selbst merkt, dass man irgendetwas nicht mitbekommen hat. Innerer Druck baut sich auf, weil wir dringend eine Verdauungspause bräuchten. Im Kopf sieht es aus wie angeblich bei Hempels unterm Sofa.

Gehirnforscher haben herausgefunden, dass das Gehirn Pausen braucht. In diesen Pausen ist es allerdings nicht untätig. Das Gehirn tut immer etwas. Wenn wir selbst müßig sind, uns nicht konzentrieren, herrscht höchste Aktivität im Gehirn. Jetzt wird aber mal aufgeräumt! Da wird jede Sekunde genutzt, um die neuronalen Geschäfte zu ordnen. Es werden Netzwerke aus Nervenzellen neu organisiert, Gelerntes wird verarbeitet, die Wiedervorlage durchstöbert, neue Regale aufgestellt und Dateien angelegt. Es wird also tüchtig Hausputz veranstaltet. Die Löcher, die Sie hin und wieder in die Luft geschaut haben, waren wie Oasen für Ihr Gehirn. Weil es diesen Leerlauf braucht, in dem es fährt, wenn wir selbst mit nichts Bestimmtem beschäftigt sind. Dann beschäftigt sich das Gehirn mit sich selbst. Alle Aufträge sind erledigt, prima, da arbeiten wir doch mal ab, was rumliegt. Gibt es ein besseres Argument, einen Gang zurückzuschalten, als jenen, dass Ihre Schaltzentrale, die ja keinen Betriebsrat hat, die Ihnen ausgeliefert ist auf Gedeih und Verderb, bitte mal eine Pause benötigt, um das Archiv aufzuräumen? Auch ein Gehirn verträgt keine Völlerei und braucht eine geregelte Verdauung, um Informationen aufzuspalten: Was ist wichtig, was nicht, was lege ich hierhin und was dorthin. Damit ich es später wiederfinde.

Da machen sich die Leute Sorgen, wenn sie drei Kilo zugenommen haben, und viele reden ständig über ihr Gewicht, Diäten, Kalorien. Aber drei Kilo Grillgut am Po und an den Oberschenkeln beeinflussen die Lebensqualität wenig. Drei Kilo unverdautes Gedankengut hingegen … das provoziert im schlimmsten aller Fälle einen Kurzschluss. Dies nur als Argument, wenn Sie mal wieder denken, dass Sie eigentlich pausieren müssten, aber nicht wissen, wann. Ganz einfach: Jetzt. Ihr Gehirn wird es Ihnen danken, wenn Sie seine geistige Stabilität fördern. Aufgeräumt arbeitet es nämlich wieder viel besser. Und wenn das Gehirn gut arbeitet, dann heißt das nicht nur, dass die To-do-Liste glänzt. Nein, gerade die Kreativität, die sich von unserer To-be-Liste ernährt, profitiert davon.

Sehr verdauungsfördernd ist übrigens auch das Gehirnlüften, was man ja nur mit dem Kopf machen kann. Forscher haben herausgefunden, dass es genügt, in der Natur spazieren zu gehen oder ins Grüne zu blicken. Allein der Anblick übt einen beruhigenden Effekt aus. Schon beim Betrachten von Naturbildern kann sich ein Gefühl der Ruhe einstellen. Nicht umsonst verwenden Bildschirmschoner häufig Motive aus der Natur.

Davon abgesehen ist die Natur immun gegen Beschleunigung. Es gibt tatsächlich noch so einen alten Haudegen, der sich von der allgemeinen Hetze kein bisschen beeinflussen lässt. Es wird nicht irgendwann schneller Frühling, Sommer, Herbst oder Winter. Die Früchte reifen nicht rascher. Alles braucht seine Zeit, ungefähr immer dieselbe. Und das ist gut so und entspannt uns. Also merken Sie sich für Notzeiten: Grün! Zappen Sie von Baum zu Baum, von Grün zu Grün. Sollte es Ihnen gelingen, einfach nur zu schauen, sind Sie wahrscheinlich gerade ziemlich erholt. Denn meistens klappt das mit dem Schauen ja nicht. Im Alles-auf-einmal-Modus sollte es mindestens eine Schau sein, kürzer: Show.

Seelen-Nahrung

Während das Gehirn dankbar für eine Diät ist, braucht die Seele dringend Nahrung. Die erhält sie durch Zuwendung. Vergisst man das, wird man daran erinnert, und das ist meistens unangenehm. In Seelenangelegenheiten ist es immer besser, derjenige zu sein, der anruft, anstatt auf den Anruf zu warten, der schon mal zum Abruf werden kann.

Die Seele soll gut genährt sein. Manchmal muss sie sich mit Brosamen zufriedengeben. Aber Seele braucht Zeit, um die Erlebnisse, die durch sie schwingen, zu verarbeiten. Und auch, um neue Prüfungsaufgaben für uns zu finden, wozu sie bestimmte Situationen analysieren muss. Die Seele arbeitet auch nachts intensiv, doch manchmal reicht ihr die Zeit nicht aus, beziehungsweise sie hätte gern, dass die eine oder andere Botschaft von tief unten nach oben steigt. Dazu wiederum braucht es Bereitschaft und Ruhe, eine Voraussetzung dafür, in einem guten Leben anzukommen. Wer seine Seele verkauft, vergisst, verliert, veruntreut, an den Haken hängt, der wird niemals dort landen können, wohin er sich sehnt. Ohne Seele bleibt ein Leben unbeseelt, unlebendig, »armseelig«. Wenn wir also nach der Summe unter dem Strich fragen, nach dem Sinn unserer Aktivitäten, sollten wir nach dem Seelenspeck tasten. Ist der dick genug? Wie gesund ist die Seele im Moment? Hat sie durch unser Leben Verletzungen davongetragen, Risse, ist sie dünn geworden, mager gar, nervös und unsicher? Dann braucht sie erst recht Zeit, um zu heilen und wieder rund zu werden.

Die Seele ist kein Düsenjet, sie wandert gern beschaulich. Sie stärkt uns den Rücken, und manchmal verleiht sie uns Flügel.
Wenn uns etwas berührt, schwingt unsere Seele mit. Solche Momente sind nicht steuerbar, zumindest nicht in der Tiefe. Auch oberflächlicher Kitsch kann kurzzeitig berühren. Tief berührende Augenblicke jedoch sind die Überraschungseier im Alltag. An solche Geschenke erinnern wir uns lange. Doch um sie zu empfangen, müssen wir uns öffnen. Wer nichts reinlassen will, ist unberührbar – wobei man seiner Seele ja nicht entkommt. Die findet immer Wege, sich bemerkbar zu machen. Klüger ist es, sie gut zu nähren, damit sie sich eben nicht melden muss mit Hautausschlag oder Schlafstörungen oder anderen Unpässlichkeiten, und davon hat sie beileibe viele im Repertoire.
Das ist Lebenskunst: Uns einerseits berühren lassen und andererseits manchmal nicht zu sehr berührt werden. Nicht abgebrüht werden und trotzdem lebendig bleiben – eine lebenslange Herausforderung.

BOXENSTOPP: SCHLAGLÖCHER

Öffnungen, also Löcher, sind Ausgänge. Nicht immer, aber meistens, egal, in welcher Erscheinungsform sie auftauchen. Doch natürlich gibt es eine Ausnahme wie zum Beispiel das Schlagloch. Es klingt zuerst aggressiv, man fragt sich, ob man hier wirklich im Boxenstopp gelandet ist oder nicht eher im Boxring. Und dann ver-

söhnt es mit dem Versprechen auf einen Ausgang. Aber kann man diesem Loch trauen?
Viele Menschen sind mit Schlaglöchern besser bekannt als mit Schlupflöchern. Während wir durch ein Schlupfloch entfleuchen können, schlägt uns ein Schlagloch schon mal mit dem Kopf an die Decke. Wir kommen nicht raus aus unseren Gedanken, die sich noch dazu ständig wiederholen. Wie oft denken Sie etwas und merken nicht, was Sie denken, wobei es ja meistens dasselbe ist. Und oft ist es nicht mal was Schönes. Viele Menschen schauen keine himmelblauen Portale in die Luft, sondern Schlaglöcher in die Erde. Erinnern sich an Situationen, die nicht so gut gelaufen sind, oder malen den Teufel an die Wand. Ich muss sicher nicht betonen, dass die Hölle zu den schwarzen Löchern zählt. Da wollen wir nicht hin.
Angenommen, wir hätten alle Zeit der Welt. Dann könnten wir sorglos über Schlaglochpisten brettern. Ungünstig ist die Lage, wenn man eigentlich keine Zeit hat und sich trotzdem ein kleines Stück herausknipst – und dann in einem Schlagloch landet. Mir passiert das manchmal in der Yogastunde. Ich habe mich total beeilt, um pünktlich zu sein, oft springe ich mitten in einem Satz auf, weil es schon so spät ist. Ich rase in mein Yogastudio. Ich verfluche den Wagen vor mir und komme nicht auf die Idee, dass eine Teilnehmerin aus meiner Yogagruppe drinsitzen könnte, mit der ich in zehn Minuten in achtsamer Güte eine Luft teilen werde. Außer Atem komme ich an, meistens bin ich nicht die Letzte. Steh aufrecht am Anfang deiner Matte und lass

deinen Atem fließen. Mein Körper stellt sich an den Anfang der Matte. Ich bin noch gar nicht richtig da. Ich hänge noch in dem Text fest, den ich Hals über Kopf verlassen habe. Man soll nicht mitten im Satz aufspringen, das ist wie eine Nabelschnur, hübscher Gedanke, denke ich, dass ich über eine Nabelschnur mit meinen Texten verbunden bin. Fragt sich bloß, denke ich weiter, wer die dann durchtrennt und ob …

»Tiefe, vollständige Yogaatmung«, höre ich und merke, dass die anderen schon eine Hand auf dem Bauch und eine auf der Brust haben. Jetzt habe ich die Sätze verpasst, in denen ich daran erinnert wurde, meinen Körper zu spüren. Apropos Körper. Ich muss dringend Sanne anrufen und sie fragen, ob es ihr wieder besser geht. Das hätte ich gestern schon tun sollen. Aber da habe ich so viel telefoniert, dass ich mit allem ins Hintertreffen geraten bin. Heute muss ich mehr schaffen. Vielleicht wäre es besser, die Verabredung heute Abend abzusagen und die Zeit, die ich jetzt beim Yoga zubringe, reinzuarbeiten …

War ich jemals in dieser Yogastunde? Ich glaube, nein. Obwohl, ganz zum Schluss, in den letzten drei Minuten, bin ich dann doch noch angekommen. Während mein Körper auf der Matte lag, habe ich im Geist ein Dutzend Leute besucht, mit mehreren telefoniert, war in der Apotheke und habe mir einen Titel für ein Buch überlegt und so weiter und so weiter. Ich war nicht auf der Yogamatte, ich holperte über eine Schlaglochpiste. Und das ohne Not: All diese Gedanken waren nicht dringend, ich hatte kein akutes Problem zu lösen. Sie ließen mich nur einfach nicht in Ruhe. Fehler: Ich ließ es zu, dass sie mich störten. Fehler: Ich störte mich selbst. Ich habe nicht gut auf mich aufgepasst, ich war nicht diszipliniert genug, um die Richtung zu ändern, weg von den Schlaglöchern, hin zur Yogamatte. Als ob das so einfach wäre. Ja, es ist nicht sooo einfach, aber allzu schwer ist es auch nicht, wenn man es möchte. Am Ende des Buches bekommen Sie eine Wegbeschreibung.

Claudia will am Freitag in den Urlaub fahren und überlegt ab Mittwoch zwanghaft, ob sie mit ihrem Wagen oder dem ihres Mannes fahren soll. Dieses Problem beschäftigt sie so intensiv, dass die zwei Tage vor ihrem Urlaub so gut wie gelöscht sind aus ihrem Bewusstsein. War sie irgendwann mal anwesend? Eher nicht.
Bettina läuft an einem wundervollen Frühlingsmorgen mit ihren Nordic-Walking-Stöcken durch ein jubilierendes Vogelkonzert einen einsamen Waldweg entlang und beschäftigt sich dreißig Minuten mit der Frage, ob sie ihre Putzhilfe abbestellen soll, weil das heute vielleicht nicht so gut passt.
Ich bin mit dem Auto unterwegs und denke ständig an die Sachen, die ich heute und morgen und den Rest der Woche noch zu erledigen habe. Bin ich froh, dass der Autopilot ohne mich fährt. Was muss ich noch machen, was habe ich gemacht, was kann ich anders machen, was hätte ich besser machen können, machen, machen, machen.
Dabei sitze ich. Ich sitze und fahre, sogar durch eine schöne Landschaft, von der ich nichts mitkriege, weil

ich beschäftigt bin mit Dingen, die ich später machen werde oder die ich schon gemacht habe, aber vielleicht hätte besser machen können. Wenn ich so weitermache, kann es sein, dass ich keine Gelegenheit mehr dazu habe, diese Dinge zu tun, weil ich mich dann weggemacht habe. Es hilft schon viel, wenn man merkt, dass man über die Schlaglochpiste rast. Denn das ist nicht normal, auch wenn wir immer wieder, manchmal wie ferngesteuert, dorthin lenken. Schlaglöcher sind nicht angenehm. Der Körper wird geradezu durchgeschüttelt, was wir aber nicht merken, da wir uns ja vom Körper getrennt haben. Auch wenn diese Eigenschaft Erleuchteten zugeschrieben wird, möchte ich doch bezweifeln, dass wir damit Licht ins Dunkel bringen. Ich plädiere dafür, wieder einzufahren in den Körper. Indem wir uns nicht auf das konzentrieren, was wir zu tun gedenken, sondern auf unseren Körper.

Stefan Klein berichtet in seinem Buch *Zeit. Der Stoff, aus dem das Leben ist* von einem interessanten Versuch des amerikanischen Psychologen Leonard Giambra. Dieser ließ seine Versuchspersonen ein Puzzle lösen, wobei sie in unregelmäßigen Abständen an diese Aufgabe erinnert wurden. Sobald die Teilnehmer merkten, dass sie mit den Gedanken nicht bei der Sache waren oder vor sich hin träumten, sollten sie einen Knopf drücken. Dazu kam es im Lauf der dreißigminütigen Dauer des Experiments im Schnitt mehr als vierzig Mal. Dass ein Teilnehmer nicht drückte, weil er sich gerade wirklich mit dem Puzzle beschäftigte – seiner eigentlichen

Aufgabe –, war eher selten. Weitere Versuche unter anderen Rahmenbedingungen bestätigten die Ergebnisse: Die Gedanken gehen gern auf Wanderschaft.
Wenn wir uns auf unseren Körper konzentrieren, können wir uns manchmal in die Gegenwart locken. Ich stehe auf der Yogamatte. Ich spüre meine Füße auf dem Boden. Ich nehme die etwas kühle Luft im Raum auf meiner Haut wahr. Ich fühle, wie sich mein Bauch beim Atmen vorwölbt.
Ich fühle meine Hände am Lenkrad und den weichen Sitz des Autos an meinem Rücken. Ich nehme meinen Fuß auf dem Gaspedal wahr und sehe die beiden kleinen Kinder auf dem Gehsteig, wie sie da hüpfen, Hand in Hand. So bin ich auch mal mit meiner Freundin gehüpft. Was die jetzt wohl macht. Jutta Dingsbums. Ich fahre weiter. Halte vor einer roten Ampel. Spüre die angenehme Wärme aus der Lüftung des Wagens. Schaue in den Himmel. Schnell ziehende Wolken, weiße Wattebällchen auf Blau. Orange, grün. Ich fahre weiter, blinke. Tick, tack, tick, tack. Der Blinker hat denselben Rhythmus wie der Schritt der Frau da vorne.
Ich fahre und schaue, und natürlich bin ich in Gedanken. Aber die Gedanken schwingen hin und her, der Glockenton entsteht in der Gegenwart. Auch wenn er mich so manches Mal in die Vergangenheit geleitet und in die Zukunft, so trennt er mich doch nie von dem, was ist. Ich bin wach. Ich bin da. Ich nehme wahr, was ist, und meide Schlaglöcher. Und wenn ich mal selbst nicht gut für mich sorge, sperrt meine Löcherpolizei die Schlaglochpiste. Ich nähere mich, nehme das rotweiße

Absperrband wahr, winke den Beamten mit dem Stoppschild freundlich zu und biege ab in eine andere Richtung.
Auch in Ihrem Mitarbeiterstab gibt es solche dienstbaren Geister. Womöglich arbeiten sie seit vielen Jahren im Verborgenen an Ihrem Wohl. Nehmen Sie doch mal Kontakt mit ihnen auf, die freuen sich bestimmt. Sagen Sie mal Danke. Und erklären Sie ihnen, was Sie wollen und was Sie nicht wollen, damit Sie auch von der Löcherpolizei maximal unterstützt werden und freie Fahrt in Ihrem freien Leben haben. Manchmal hilft es, laut zu sagen, was jetzt ist.
Jetzt sitze ich im Auto.
Jetzt schneide ich Zwiebeln.
Jetzt lese ich.

VOM PERFEKT ZUM KONFEKT

Ich glaube, Klementine ist schuld. Ich erinnere mich gut an den Werbespruch der älteren Dame aus dem letzten Jahrtausend, die den Fernsehzuschauern erklärte: Sauber ist nicht rein! Andere Waschmittel mochten sauber waschen. Das Produkt, für das Klementine warb, wusch rein. *Porentief* rein. Und wer gar keine Fehler machen wollte, kippte in den letzten Waschgang einen Weichspüler namens Lenor. Damit nicht nur die Wäsche rein war, sondern auch das Gewissen.

In meiner Kindheit gab es, ich erinnere mit Vergnügen erneut daran, nur drei Fernsehprogramme, beziehungsweise fünf, weil wir in Bayern das Programm der Österreicher empfangen konnten. Es wurde wenig Reklame, so hieß die damals, ausgestrahlt, allerdings Zigarettenwerbung, in denen Strichmännchen in die Luft gingen und Männer mit markanten Gesichtern auf Windjammern über die Weltmeere segelten. Frauen flirteten derweil mit dem General und Meister Proper. Was von einem erwartet wurde, war klar, um nicht zu sagen rein und überschaubar. Halte dein Haus in Ordnung. Rauche und trinke, auch Alkoholwerbung war damals noch erlaubt, ich erinnere mich an Asbach Uralt und schließe die Rückblende damit.

Ach, was wäre das für ein Paradies, wenn ich nur mein Haus rein halten müsste! Da könnte ich eine Putzhilfe engagieren und feiern statt feudeln. Aber perfekt im Haushalt genügt ja heute nicht mehr, und der Haushalt hat sich auch stark verändert. Da geht es nicht mehr um die glänzende Armatur, sondern um den glänzenden Auftritt in jeder Schublade. Jemand braucht ein Küchenutensil. Vielleicht eine Käsereibe. Da geht man nicht einfach in eine Haushaltswarenabteilung und holt sich so ein Ding, nein, nein, man googelt im Internet nach einer Käsereibe mit Ambiente, stilvoll der Avantgarde entsprungen. Eine Käsereibe, für die man ausgewählte Gäste einladen wird, denen man die Reibe dann – mit Understatement auf dem Tisch zelebriert in einer beiläufigen Geste – präsentieren wird. Und beneidet wird. Um dieses perfekte Unikat zu finden, muss man natürlich viel Zeit investieren. Da hängt einem schon mal die Zunge raus, und viele bleiben auf der Strecke. Denn dass man Stil hat, will man nicht nur mit der Käsereibe beweisen, sondern auch mit der Stehlampe, der Saftpresse, den Stühlen und natürlich den Elektrogeräten, die alle untermauern sollen, dass man Individualist ist. Klementine hat sehr gründlich gearbeitet. Das Gehirn wurde nicht nur gewaschen, sondern gleich noch geschleudert. Um den Kühlschrank, der zu mir passt, zu finden, muss ich viel Zeit investieren. Und erst recht, wenn es um das Smartphone, den Vorgartenschmuck, den Laptop, das Teeservice, das Auto geht, das zu mir passt. Ja, selbst um die Möglichkeiten des Navi auszuschöpfen und nicht bloß Heimat- und Zielort einzugeben, müsste man mal die Gebrauchsanweisung gründlich lesen. Was bedeuten diese kleinen Symbole, die manchmal blinken? Damit kann man sich im Moment nicht beschäftigen, weil man auf der Suche nach dem

besten Olivenöl ist. Es gilt Blogs zu lesen und Kommentare zu vergleichen, vielleicht kann man an einer Oliven-Verkostung teilnehmen … Ob man da auch Kerne weitspuckt? Das wäre doch eine schöne Geschichte, die man zwischen Käsereibe und Saftpresse auftischen könnte.
Man muss sich halt noch einiges anlesen. Da trennt sich die Spreu vom Weizen. Fachleute sollen gleich merken, mit wem sie es zu tun haben. Ich bin schließlich kein Laie, dem man alles andrehen kann, sondern echter Kenner mit Geschmack und Stil. Ich kauf nicht irgendwas, ich wähle aus, bedächtig und bewusst. Umwelt, Kinderarbeit und so Zeug sind dabei weniger wichtig. Es geht mehr um die Ästhetik, alles klar, alles rein? Während bis vor zehn Jahren Kennerschaft vor allem bei Wein und Zigarren gefragt war, hat sich dies ausgeweitet auf alle möglichen und unmöglichen Konsumgüter, hauptsächlich Lebensmittel. *Ich kenne da ein kleines Weingut in Umbrien …*
Selbst für die Wahl einer Zahnpasta kann man lange recherchieren. Und man kauft auch nicht mal eben so schnell eine Pfanne. Gerade Pfannen! Da kannst du Wochen damit zubringen, ehe du einen Deckel draufmachst. Und wenn man das Ding dann gekauft hat, muss man posten, dass man es gekauft hat. Manche posten sogar ihre Absicht, dies oder jenes anzuschaffen, und diskutieren dann mit anderen. Und wenn sie das Ding haben, sind sie wahnsinnig stolz und glücklich und laden andere ein, die sie beneiden sollen, aber nicht laut, sondern hauchzart wie eine Trüffelscheibe, sodass der Neid nur

als Nuance im Lob aufscheint. Worauf es aber natürlich nicht ankommt. Man kann einfach nichts dafür. Man ist Perfektionist und Ästhet sowieso, schon genetisch irgendwie. *Massenware zieht mich total runter.*

So hat sich die Bedeutung von bewusstem Einkaufen verändert. Man sucht nicht mehr nach umweltfreundlichen, menschenfreundlichen Produkten, sondern möchte Kennerschaft beweisen im bewussten Shoppen. Was aber wiederum perfekt vom Unterbewusstsein gesteuert wird, das Klementine seit Jahrzehnten fest im Griff hat. Und wer bei Klementine an Mandarine denkt, findet die Quelle auch nicht mehr.

Warum nicht mal eine Auflaufform im Haushaltswarenladen kaufen? Vielleicht nicht im Kaufhaus, sondern in so einem kleinen Laden, von denen es nur noch wenige gibt. Man könnte einen solchen Laden suchen, statt nach dem stylischsten Produkt zu fahnden. Wer sein Lenorgewissen transformiert, kann hier dann durchaus gute Gefühle entwickeln. Eine Win-win-Situation. Zeit gespart, eine alte Frau kennengelernt, die so nen schrägen Laden betreibt, netter Vormittag in einem Stadtviertel, in dem man noch nie war. Man hat keine Form, die einen Menschenauflauf verursacht, sondern eine, in der das Gratin gelingt, die ihre Aufgabe erfüllt. Und vielleicht eine kleine Geschichte zum Nachtisch – alles in allem: ein Konfekt.

Wieso darf eine Auflaufform nicht einfach eine Auflaufform sein? Wieso dürfen wir nicht einfach Menschen sein, mit Ecken und Kanten? Wieso meinen wir, wir müssten glatt geschliffen und stylisch sein und sozialverträglich egozentrisch, das ist die Prise Pep, damit wir nicht langweilig rüberkommen. Warum ist es so wichtig, wie wir rüberkommen? Wir könnten doch auch mal da bleiben. Bei uns. Oder ist es dort so schrecklich, dass wir ständig wegmüssen? Rüber. Und wohin noch mal genau? Ich bin Deutschlands Superkäsereiber, holt mich hier raus!

Entscheiden bedeutet Verzichten

Wir wollen alles auf einmal und immer das Richtige, und gleichzeitig wird die Auswahl immer größer. Die Folge ist logisch: Zeitmangel. Denn man kann sich nicht mehr entscheiden, aus Angst, die falsche Wahl zu treffen, was aber nicht passieren darf, da man sich doch hätte informieren können. Vorbereitung ist nicht mehr das halbe, sondern fast das ganze Leben, und oft bleibt es dann auch in der Vorbereitung stecken. Die große Auswahl, bei der wir in höchstem Tempo am Limit stets auf dem Laufenden bleiben sollen, beflügelt nicht, sondern lähmt.

Und das beschränkt sich nicht nur auf Konsumgüter, sondern betrifft auch die Güte der Karriere. Wenn ein junger Mensch in Deutschland sich für ein Studium entscheidet, hat er dieses aus über sechzehntausend Möglichkeiten herausgesucht. So viele Studiengänge hat die Hochschulrektorenkonferenz gezählt. Nur noch mal eben so BWL oder Germanistik gibt es nicht mehr. Dafür die Entscheidung, wo man studieren möchte. Dort muss man sich für eine Unterkunft entscheiden und ob man eine Fernbeziehung führt, in der man treu ist oder offen für andere. Und bei jeder dieser Entscheidungen sitzt einem die Angst im Nacken, womöglich die falsche Wahl zu treffen.

Und wenn man sich entscheidet? Dann muss man auf etwas verzichten, aber Verzichten hat man nicht gelernt. Man kriegt doch heute alles auf einmal sofort. In seinem Buch *Anleitung zur Unzufriedenheit* schreibt der amerikanische Professor für Psychologie Barry Schwartz, dass mehr Auswahl ab einem bestimmten Level nicht zu mehr Freiheit führt, sondern uns stresst und in der Folge lähmt. Es macht keinen Spaß, wenn man ein Shampoo aus zweihundertfünfzig Produktvarianten auswählen soll. Zweihundertfünfzigmal Kleingedrucktes lesen, das im Laufe der Jahre ja immer kleiner wird. Womöglich recherchieren, welche Inhaltsstoffe hautverträglicher sind als andere.

Es stimmt zwar: Wenn Menschen keine Wahlmöglichkeiten besitzen, wird das Leben unerträglich. Doch wenn wir zu viele Optionen haben, bleiben wir auf der Strecke, enttäuscht und erschöpft. Aus Vergnügen wird Mühe, der scheinbare Genuss zu vieler Dinge führt zu Überdruss.

Ich erinnere mich gut daran, als ich, aus der sogenannten Servicewüste kommend, mit Anfang zwanzig zum ersten Mal in Amerika war. Nicht nur der dünne Kaffee und die bis an die Zähne bewaffneten Passanten waren gewöhnungsbedürftig. Ich musste ständig Entscheidungen treffen. Ich konnte nicht einfach einen Toast bestellen. Ich musste darüber nachdenken, ob er weich, mittelweich, leicht hart, mittelhart, medium kross, hart kross, knirsch kross sein sollte. Und wenn ich mich entschieden hatte, ging es weiter. Hell, hell mit bräunlichen Partien, mehr braun als hell, mittelbraun, stärker mittelbraun, dunkel, dunkeldunkel. In der Fremdsprache fiel mir das noch viel deutlicher auf. Normalerweise geht eine Essensbestellung bei mir zügig. Diese dauerten. Hoffentlich hatte ich nichts Falsches gesagt?

Am Ende war ich froh, wieder in der Servicewüste Deutschland zu landen, wo ein Toast ein Toast ist, wenn es sich nicht um einen Trinkspruch handelt. Doch bei den Backwaren haben wir gleichgezogen. Versuchen Sie doch mal in einer gewöhnlichen Bäckerei eine Semmel zu bestellen, vorausgesetzt, Sie sind in Bayern. Wenn nicht, versuchen Sie es mit Brötchen oder Wecken oder Schrippe, das Ergebnis ist das gleiche. Sternsemmel, Vierkornsemmel, Dinkelsemmel, König-Ludwig-Semmel, ich könnte vierzig Sorten aufzählen. Allein eine Semmel zu bestellen, ist eine komplexe Entscheidung geworden, in die ich Zeit, Energie und unter Umständen auch Selbstzweifel investieren muss. Macht die König-Ludwig-Semmel dicker als die Vierkornsemmel? Kann ich sie politisch verantworten?

Es gibt eine Reihe von Experimenten, die zeigen, dass die Auswahl umso schwerer fällt, je reichhaltiger das Angebot ist. Mit der Anzahl der Optionen steigen auch die Ansprüche, und deshalb ist man mit seiner Wahl oft unzufrieden. War es wirklich die richtige? Zweifel vergällen die Freude am Erwerb. Wenn es nur eine Jacke gibt, arrangiert man sich damit, dass sie nicht ganz so gut sitzt, an der Schulter eine kleine Falte wirft. Wenn es aber hunderte von Jacken gibt, will man so etwas nicht hinnehmen und wühlt sich durch Farb- und Schnittvariationen auf der Suche nach dem perfekten Modell, bis man womöglich doch mit Unbehagen die Jacke mit der kleinen Falte an der Schulter kauft. Mit dem Gefühl, man hat sich nicht genug angestrengt, es hätte eine bessere gegeben. Was bleibt, ist nicht die Freude über die Jacke, sondern ein nagender Zweifel.

Seitdem Geiz geil ist, quälen sich viele Menschen mit der Frage, wo sie ein Produkt am billigsten bekommen. Die Suche verschlingt Stunden. Es gibt Leute, die fahren vierzig Kilometer, um zwei Cent billiger zu tanken. Als engagierter Konsument kann man einen ganzen Tag damit zubringen, eine Schachtel Kekse auszuwählen, bei der vielerlei zu berücksichtigen ist: Preis, Frische, Geschmack, Kalorien, Fettgehalt, Konservierungsstoffe, hat die Firma, die diese Kekse produziert, überhaupt einen Betriebsrat? Was die wenigsten Leute interessiert. Sie halten den Produkten die Treue, die sie gewöhnlich kaufen. Wir sind maßlos überfordert. Studien zeigen, dass die Zufriedenheit der Menschen häufig sinkt, sobald das Angebot an Karrierewegen, Lebensstilen und Konsumgütern steigt.

Leider beschränkt sich die Auswahl nicht nur auf Produkte. Mittlerweile werden wir auch von Ärzten gefragt, wie wir uns eine Behandlung wünschen. Ein Arzt stellt die Diagnose und schlägt dann verschiedene Therapien vor. Manche gibt es auf Rezept, andere kosten extra. Wir müssen entscheiden, ohne Medizinstudium herausfinden, was das Beste für uns ist. Und das kostet Zeit. Da darf man nicht schludern, es könnte ja sein, dass man nicht mehr allzu viel Zeit hat, wenn man sich falsch entscheidet. Manchmal sehne ich mich nach meiner alten Frau Doktor, die mir sagte, was mir fehlte, und einen, einen einzigen Lösungsweg aufzeigte, der mich schnell gesunden ließ, weil ich nicht zweifeln musste, ob es der richtige war. Frau Doktor hatte gesprochen, meine Selbstheilungskräfte sprangen an und erfüllten ihre Prophezeiung: Bis Ende der Woche wieder fit. Heute kann ich tagelang im Internet surfen, um nur zwei von zweihundert Möglichkeiten zur Heilung einer Krankheit zu studieren. Barry Schwartz resümiert: »Es geht uns heute besser als früher, aber wir fühlen uns schlechter.« Dass das Fühlen wichtiger ist als die Tatsachen, wissen wir spätestens, seit die gefühlte Temperatur in den Wetterbericht mit aufgenommen wurde.

Wahl, Qual, Käse

Menschen sind ehrgeizig und wollen weiterkommen, etwas im Leben erreichen. Es fragt sich nur, was genau das ist. Und ob nicht manchmal der Ehrgeiz im blinden Eifer losstürmt und uns an einen Ort treibt, an den wir eigentlich gar nicht wollten. Sich verbessern ist gut und auch wichtig für den Menschen. Unsere Vorfahren mussten ständig um ihr Überleben kämpfen und immer besser werden, um dieses Überleben zu sichern. Was ihnen ja auch gelungen ist. Doch heute muss niemand sich ständig verbessern, um sein Überleben zu sichern.

Das ist erst einmal gesichert in unserer Zeit. Geblieben ist das Streben nach Mehr, nach Höher, nach Schneller, was das Überleben manchmal eben nicht sichert, sondern angreift. Die Frage ist, ob die Ziele, die wir uns setzen, wirklich unsere Ziele sind. Hängt unser Lebensglück von der Käsereibe ab? Es gibt Menschen, die mögen das mit Ja beantworten. Aber es gibt auch Menschen, die mögen keinen Käse und reiben sich trotzdem auf.
Und so hat sich der Drang nach dem Besten, das im Übrigen nie gut genug ist, verselbstständigt wie die Beschleunigung des Lebenstempos. Wir brauchen das Gefühl, die beste Wahl getroffen zu haben, und weil wir uns nicht täuschen wollen, verbrauchen wir sehr viel Zeit damit herauszufinden, was das beste Produkt ist oder wo man – beispielsweise – am besten Urlaub macht. Überall herrscht Unsicherheit. Gibt es nicht doch vielleicht noch einen besseren Ort? Wer perfekt planen möchte, kommt nie an. Aber es findet sich immer irgendetwas, was besser gemacht werden könnte, und selbst wenn ein Zustand der Perfektion erreicht werden könnte, würde er nur kurz dauern: Schon wieder fällt ein Blatt vom Baum auf den frisch gerechten Rasen.
Was geschieht, wenn Sie Ihre Suche von vornherein beschränken? Ich gebe mir drei Stunden Zeit, um ein Ferienhaus im Internet zu suchen und zu finden. Ich werde das buchen, was mir in diesen drei Stunden am besten gefällt. Das ist nicht faul, sondern die Umsetzung des Parkinson'schen Gesetzes, das besagt, dass wir so lange für Aufgaben brauchen, wie wir Zeit dafür veranschlagen. Wenn Sie sich einen Tag lang Zeit nehmen, um die

Schränke in der Garage auszumisten, werden Sie einen Tag brauchen. Nehmen Sie sich den Samstagnachmittag dafür vor, schaffen Sie es in einem halben Tag. Sie finden auch das Kleid zur Hochzeit Ihrer besten Freundin in drei Tagen oder einem Tag – je nachdem, wie viel Zeit Sie dafür veranschlagen. Vielleicht stellen Sie sogar fest, dass Sie die Erkenntnis des Soziologen Cyril Northcote Parkinson bereits verinnerlicht haben – unbewusst. Womöglich ist es Ihnen ja schon öfter passiert, dass Sie zu Beginn eines Projekts dachten: Bis Mitte Mai bin ich fertig. Und – wann waren Sie fertig? Mitte Mai, genau, obwohl Sie das unmöglich im Oktober des vorangehenden Jahres wissen konnten. Sie vielleicht nicht. Aber Parkinson!

Dummerweise funktioniert dieser geniale Trick nicht immer. Sie können nicht festlegen, in einer Stunde mit der Reisekostenabrechnung der letzten drei Jahre fertig zu sein. Doch beispielsweise bei Besprechungen, die sich gern ins Unendliche ausdehnen, kann man das Parkinson'sche Gesetz zur Regel machen. Setzen Sie ein Limit: Das Meeting dauert von vierzehn bis sechzehn Uhr. Denn egal, wie lange man noch diskutiert – meistens kommt nicht mehr dabei heraus. Und übermorgen ist ja schon wieder eine Besprechung, in der jeder Wichtigtuer seinen Senf dazugeben und das Gleiche sagen kann wie sein Konkurrent, wenn auch in tieferem Brustton der Überzeugung.

Und wenn Sie gern arbeiten: Arbeiten Sie auch daran, zufrieden mit den Resultaten zu sein, die Sie erlangen. So durchbrechen Sie den Teufelskreis, der ständig mehr

Zeit verschlingt auf der Suche nach dem Besten, das sowieso nicht existiert. Es gibt ja immer nur das Beste in diesem Moment. Sie können die Käsereibe bestellen, und just in diesem Augenblick erfindet irgendwo auf der Welt ein Daniel Düsentrieb die noch stylischere.

Die Peitsche Perfektionismus

Leider beschränkt sich, wie gesagt, der Druck nach dem Neuesten, Besten, Hippsten nicht auf Gegenstände. Wir eifern den Computern nach, die immer perfekter werden, und der Maßstab, den wir an die Maschinen anlegen, gilt in immer stärkerem Maße auch für uns selbst. Aber wir sind keine Computer. Deshalb können wir nicht perfekt sein. Trotzdem streben immer mehr Menschen danach. Egal, was sie tun, sie haben ständig das Gefühl, es sei nicht genug, es sei noch verbesserungsfähig. Ja, aber wie soll denn das gehen, wenn die Zeit an allen Ecken und Enden fehlt? Ich will eine gute Mutter/ein guter Vater sein, der beste Vertriebler in der Firma, mein Handicap beim Golfen verbessern, abnehmen, geduldiger sein, ein offenes Ohr für meine Untergebenen haben, gesünder kochen, entspannter aussehen, besser verhandeln und Gitarre spielen, Fortbildungen besuchen – damit ich besser werde und zufriedener bin. Peitschen Sie sich auch fleißig und täglich Ihre zehn Gebote auf der To-do-Liste des perfekten Lebens ein?

Lebe gesund

Bereiten Sie Ihre von glücklichen Bauern und Tieren stammenden Nahrungsmittel eigenhändig zu, und servieren Sie sie lächelnd. Essen Sie immer im Sitzen, ohne nebenbei zu lesen. Nehmen Sie sich genügend Zeit für Ihre Mahlzeiten, bei denen Sie Völlerei und Alkohol meiden. Stattdessen machen Sie Sport und halten sich täglich an der frischen Luft auf.

Arbeite mit Leidenschaft

Ist Ihr Beruf Ihre Berufung, dann arbeiten Sie gern und mit ganzem Engagement voller Begeisterung, wenn es sein muss, auch rund um die Uhr, was Ihnen gar nicht auffällt, weil Sie entflammt sind von der Freude an der Tätigkeit.

Sei ein Familienmensch

Als stets liebevoller Angehöriger sind Sie sich darüber bewusst, welche Verantwortung Sie als Partner, Kind, Elternteil haben, und kümmern sich Tag und Nacht mit großer Freude und Hingabe um Ihre Familie.

Glaube an irgendwas

Zeigen Sie Ihre Demut, indem Sie sich selbst nicht so wichtig nehmen und zum Ausdruck bringen, dass Sie an etwas Höheres glauben, dass Sie selbst hoch spirituell sind und bescheiden nach Erleuchtung streben, wobei Sie natürlich immer im Hier und Jetzt sind.

Habe Erfolg
Bei allem, was Sie tun, geben Sie Ihr Bestes und ruhen nie, dies zu verbessern. Sie haben stets Erfolg, an dem Sie rund um die Uhr arbeiten, weil Sie jederzeit wissen, was Sie im Leben erreichen wollen.

Sei liebevoll
Wertschätzung prägt Ihr Wesen, und Sie begegnen allen Ihren Mitmenschen und Mitgeschöpfen freundlich, geduldig, mit Nachsicht und Güte und helfen, wo immer Sie können.

Übernimm Verantwortung
Sie sind sich Ihrer Verantwortung als Bürger dieses Landes und als Mensch auf dieser Erde bewusst und treten jederzeit ein für die Rechte des Menschen in allen Ländern dieser Welt. Sie sind gründlich informiert über alle politischen Zusammenhänge und aktiv in mindestens einem Ehrenamt tätig.

Betreibe Seelenhygiene
Sie achten stets darauf, auch Rückzugsmöglichkeiten für sich selbst zu behalten, und besinnen sich in Dankbarkeit auf Ihr eigenes Leben, indem Sie regelmäßig überprüfen, ob Sie in Einklang mit Ihren hehren Werten handeln.

Kümmere dich um die Welt
Es ist Ihnen vollständig bewusst, dass die Erde nur eine Leihgabe ist, die wir an unsere Kinder und Kindeskin-

der weitergeben, weshalb Sie nicht nur im Privathaushalt umweltbewusst agieren, sondern auch in der Öffentlichkeit aktiv und engagiert für den Schutz der Umwelt eintreten.

Vorsorge
Verantwortungsvoll haben Sie auch Ihr eigenes Ableben perfekt organisiert und eine Patientenverfügung ausgefüllt, um Ihren Angehörigen nicht zur Last zu fallen.

Viele Menschen haben Mitleid mit Tieren, die bei der Jagd gehetzt werden, den Jägern vor die Flinte. Warum fällt es uns manchmal so schwer, auch uns selbst freundlicher und mitfühlender zu begegnen? Und wie sollen wir Mitgefühl für andere Menschen empfinden, wenn wir es nicht mal für uns selbst schaffen?

Mit dem Bachelor den Bach runter

Im Streben nach ständiger Verbesserung übersehen die Optimierer, dass das, was ist, vielleicht schon ziemlich gut ist. Aber ziemlich gut genügt ja nicht mehr. Das Beste muss her. Dramatisch wird das Ganze, wenn man die Suche nach dem Besten auf seine Partnerschaft ausdehnt. Eigentlich ist man ja glücklich. Aber der Partner hat diesen oder jenen Makel. Vielleicht gibt es einen besseren. Ja, vielleicht. Vielleicht aber auch nicht. Auf Partnerschaftsbörsen kann man anklicken und im übertragenen Sinne in den Warenkorb legen. Bislang fehlt leider noch die Bewertung der Vorkäufer.

Und hier wie auch an vielen anderen Stellen zeigt sich, dass wir Gefahr laufen, Menschen wie Gegenstände zu behandeln, die wir ersetzen können durch andere, die besser funktionieren, zumindest so lange, wie wir eine rosarote Brille auf der Nase haben. Wenn wir so unbarmherzig auf andere schauen, ist es doch nur logisch, dass auch wir so beurteilt werden. Wollen wir das? Viele Menschen legen auch in der Liebe den Maßstab an, den sie aus ihrem getakteten Berufsleben kennen. Und da geht es nicht um die berühmten Zentimeter, sondern um Anforderungen, die kaum ein Mensch erfüllen kann. Mein Traummann soll aussehen wie der letzte Bachelor, aber nicht ganz so durchtrainiert sein, und Haare auf der Brust wären mir lieber, auch wenn das total out ist, da bin ich eigen. Und er soll beruflich total erfolgreich sein, damit wir keine Geldsorgen haben, und sehr viel Freizeit mit mir verbringen. Gern hätte ich es, dass er reitet, das ist nämlich mein liebstes Hobby, und man muss schon zusammenpassen. Ansonsten soll er natürlich treu und liebevoll und zärtlich und wild und leidenschaftlich und willensstark sein. Aber das sind ja sowieso die Basics.
Wenn die Dame dann merkt, dass sie so einen Wundermann nicht in den Warenreihen findet, nimmt sie halt einen anderen und versucht den dann häufig so zu tunen, dass er ihrer Vorstellung entspricht, worin sie die einschlägige Ratgeberliteratur unterstützt. Denn so macht man das im Job doch auch, oder? Wir geben uns nicht mit irgendeinem Ergebnis zufrieden, wir wollen das Optimum. Was nicht passt, wird passend gemacht.

Neulich habe ich in einer Umfrage gelesen, dass weit über 60 Prozent der Bundesbürger sich einen Partner wünschen, um den sie von anderen beneidet werden! Das ist wohl wichtiger, als ihn selbst gut zu finden.

Heutzutage trennen sich Paare, die es eigentlich ganz schön miteinander haben. Aber sie erleben eben nicht hundert Prozent Alltagstauglichkeit mit hundert Prozent Abenteuer und hundert Prozent wilder Leidenschaft bei hundert Prozent finanzieller Unabhängigkeit. Also kann man da noch was optimieren. Das Leben ist viel zu kurz, um bei einem Mann hängen zu bleiben, mit dem ich mich zwar prima verstehe, aber sexuell stellungsweise langweile. Egal, wenn darüber viele klagen, ich will das nicht hinnehmen, ich will mich maximal hingeben, ich will Lust ohne Frust, ich bin mutig und mach mich auf, wer nicht wagt, der nicht gewinnt. Das Sprichwort könnte auch anders heißen, gerade in Deutschland, wo Sprichwörter ja oft mit moralisch erigiertem Zeigefinger aphorisiert werden: Wer wagt, der verliert.

Gerade das Ideal der romantischen Liebe führt zu einem hohen Stressfaktor. Beziehungen sollen so toll sein, wie sie uns im Kino vorgeführt werden. Manche Leute schauen sich eine Hollywoodproduktion an, und da fällt es ihnen wie Schuppen von den Augen, dass sie eigentlich in einer todunglücklichen Beziehung leben. Sehnsüchte werden geweckt, Unzufriedenheit wird zentral gesteuert, damit die Leute planlos auf ihren To-do-Listen herumrasen. Das kurbelt die Wirtschaft an: Wir trennen uns, wir brauchen zwei Wohnungen, zwei Waschmaschinen, zwei Autos. Und Jahrzehnte später fragt man sich womöglich, warum man nicht zusammengeblieben ist. Denn eigentlich war es doch recht schön ... und was Besseres kam nicht nach.

Body Management

Wer leider überhaupt nicht perfekt ist und ständig der Korrektur bedarf, das ist er: der Körper. Der macht bei den Wenigsten, was er soll. Der Körper, die Voraussetzung dafür, dass wir sinnliche Genüsse erleben, boykottiert alle Bemühungen, reibungslos zu funktionieren. Erstens hat er ständig irgendwelche Befindlichkeiten, die nerven und Zeit kosten. Zweitens widersetzt er sich nur allzu oft den Bemühungen, ihn perfekt zu gestalten. Sein Saboteur, auch unter dem Namen innerer Schweinehund bekannt, stellt einem, obwohl man laut und deutlich Nein gesagt hat, Schokolade und Chips neben das Sofa, auf dem man ja gar nicht sitzen wollte, weil man nämlich eigentlich beim Sport wäre.
Wir wissen genau, was wir tun müssten, um dem Bild zu entsprechen, wie wir uns am liebsten sehen würden. Doch es bleibt beim Vorsatz. Es gibt Menschen, die haben ein schlechtes Gewissen, wenn sie ein kleines Stück Schokolade essen oder beim Zähneputzen nicht auf einem Bein balancieren – weil das ja so gesund ist. Wann immer man gegen den selbst auferlegten Wellness-, Diät-, Sportplan verstößt, fühlt man sich schlecht. Und muss später ein Stück Schokolade essen, zum Trost, der nur so lange hält wie die Süße auf der Zunge; danach ist alles noch viel schlimmer. Oft spielt sich ein

jahrelanges Ringen im selben Kiloumfeld ab, drei rauf, drei runter. Perfekt wäre drei runter und halten. Wenn ich abgenommen habe, mach ich dies und jenes. Womöglich hat man irgendwann später im virtuellen oder echten Schaukelstuhl kein Verständnis mehr für diese Qual, in der das Leben verschwendet wurde. Doch im Moment ist es wohl noch so, dass diejenigen bewundert werden, die, koste es, was es wolle, ihr Ding durchziehen. Der Ben geht viermal die Woche zum Sport. Die Sarah ist jetzt Vegetarierin. Und wir? Schaffen gerade einmal wöchentlich Sport und können uns ein Leben ohne Currywurst gar nicht vorstellen. Wie peinlich. Wie subperfekt. Wie liebenswert.
Wir wollen so sein wie diejenigen, die ihren inneren Schweinehund aushungern, und vergessen dabei, dass wir uns normalerweise für den Tierschutz engagieren. Ich finde, dass Ferkel, denn genau das ist ein Schweinehund, genug zu essen kriegen müssen und wir in friedlicher Koexistenz mit unserem inneren Schweinehund leben sollten, der uns – zum Glück – dazu verführt, einfach mal herumzusuhlen in unserer Freizeit. Einen Schweinehund kann sich doch ohnehin keiner mehr leisten. Wer lebt schon auf dem Lande! Und wir müssen ja alle so schlank sein, da hat ein Schweinehund doch gar keinen Platz, gerade mal ein Ferkelchen. Wenn es gelegentlich behaglich grunzt, geht es mir gut.
Für manche Menschen ist ihr eigener Körper zu einer Art Kriegsschauplatz geworden, auf dem sie verbissen kämpfen. Mit Diäten, Extremsport und Schönheitsoperationen. Führt das perfekte Aussehen zu einem perfek-

ten Gefühl oder nicht eher zur Angst, das Perfekte, das so empfindlich ist, zu verlieren?

Es gibt ein Parfüm, das ich sehr mag. Ich sprühe es mir aufs Handgelenk, rieche es kurz intensiv und dann den ganzen Tag nicht mehr. Diesen Duft müssten Menschen tragen, mit denen ich zusammen bin. Wenn jemand beabsichtigt, seine Tage vor dem Spiegel zu verbringen, mag eine Schönheitsoperation einleuchten. Aber man sieht sich nicht. Man fühlt sich. Und ich möchte bezweifeln, dass ich es spüren würde, ob meine Nase groß oder klein ist. Fünf oder zehn Kilo nach der Fettabsaugung würde ich wahrscheinlich eher wahrnehmen, der Schmerz soll ja nicht ohne sein. Das Thema ist komplex, es beruht auf Komplexen. Die Frage ist, ob chirurgische Eingriffe im Namen der Schönheit zu Häkchen auf der To-be-Liste führen. Oder sind dies nicht alles To-do-Häkchen? Sehr scharfkantige übrigens, in manchen stecken Skalpelle.
Das Gefühl, nicht zu genügen, hat leider auch Bereiche besetzt, die mit einem gesunden Menschenverstand nicht nachvollziehbar sind. Aber gesund ist der Schönheitswahn ohnehin nicht. Doch wer baut hier den Druck auf? Wieder ist es zum einen der Wettbewerb – mithalten können –, zum anderen das Tempo. Doch diesmal soll etwas nicht schneller werden, sondern langsamer, am besten stehen bleiben: der Alterungsprozess. Er ist das letzte Überbleibsel, dem wir ein angemessenes Schreiten zugestehen.

BOXENSTOPP: GUCKLÖCHER

Das Gute und Schöne liegt oft so nah bei uns, ja direkt vor uns, doch wir übersehen es, weil wir in die Ferne schweifen, zu den Nachbarn oder zu Leuten im Fernsehen, die alle viel glücklicher zu sein scheinen als wir, die uns vorleben, wie es gehen kann: sieben Kinder und Ministerin, auf der Bühne eine Rampensau, der perfekte Apfelkuchen beim Kindergartenfest.

Schauen Sie doch mal durchs Guckloch! Was ist bei Ihnen toll, was klappt? Statt zu fragen: Was hab ich nicht? Was kann ich nicht?, fragen Sie: Was kann ich?

Sind Sie schon dort angekommen, wohin Sie wollten, oder noch unterwegs? Bis zur Lebensmitte stehen die Dinge im Vordergrund, die wir erreichen wollen. Ab der Lebensmitte konzentriert man sich mehr auf das, was gut ist, was man zu behalten hofft, weil man die Zerbrechlichkeit der Existenz erkannt hat. Doch gerade ab der Lebensmitte wollen manche genau das nicht sehen. Sie schauen also lieber zurück, strengen sich an und kämpfen gegen das Alter.

Ja, wenn man seine Zeit aus dem Fenster werfen will, kann man sich wehren gegen Prozesse, die unveränderbar sind. Man kann aber auch wahrnehmen, was ist. Wie sich die Dinge verändern, was neu hinzukommt, dass man anders mit Schönem und nicht so Schönem umgeht. Ahnen Sie manchmal, dass Sie das Gute, das ist, in Ihrem Streben nach dem, was zu erreichen wäre, übersehen? Können Sie erkennen, was für Sie, für Sie persönlich gut ist, anstatt den Blick mit jenen Dingen zu

verstellen, die allgemein für gut gehalten werden? Die uns aber leider oft von uns selbst wegtreiben? Nehmen Sie die zwei Wörter »für« und »mich« in Ihr Gedanken-Gut auf. Fragen Sie gezielt: »Ist das gut *für mich*?« Entspricht das, was Sie tun und wie Sie sich verhalten, wirklich Ihren Gefühlen, Wünschen und Sehnsüchten? Oder strengen Sie sich, wie so viele Menschen, an, so zu sein, wie Sie glauben, dass es richtig ist, wie Sie glauben, dass es die anderen von Ihnen erwarten? Darin könnten Sie sich täuschen. Besser ist es, Ihre eigenen Erwartungen von einem gelungenen Leben zu erfüllen. Und wenn etwas nicht zu Ihnen passt, dann lassen Sie es los. Sonst brauchen Sie sich nicht zu wundern, wenn Sie das Gefühl überkommt, im falschen Film zu sein.
Ist es wirklich so, dass Sie besser Französisch sprechen müssen? Sie kommen doch *très bien* zurecht mit Ihren Sprachkenntnissen und haben überhaupt keine Lust, einen Sprachkurs zu buchen. Müssen Sie sich wirklich nach einem neuen Job umsehen, obwohl Sie sich mit Ihrem Team wohlfühlen und erfolgreich arbeiten, auch wenn Sie für den Posten überqualifiziert sind? Müssen Sie wirklich für den Marathon trainieren wie drei aus Ihrer Jogginggruppe? Reicht nicht der Halbmarathon? Muss Ihre Firma expandieren, weil Sie mehr Anfragen haben, als die Mitarbeiter bearbeiten können? Warum nicht alles so lassen, wie es ist, so läuft es doch prima. Müssen Sie wirklich einen Waschbrettbauch haben? Reicht nicht auch ein Nudelbrett?
Wer sagt, dass Sie dies und jenes tun müssen? Wenn Sie auf andere hören, laufen Sie Gefahr, die Regie Ihres

Lebens aus der Hand zu geben. Fremdgesteuert stellt sich schnell das Gefühl ein, keine Zeit zu haben, weil man ja viel zu oft etwas tut, was man eigentlich nicht will. Deshalb: das Zusatzmodul *Für-mich* einbauen und damit nicht nur Zeit, sondern auch Irrfahrten sparen. Es könnte sein, dass Sie diesbezüglich eine Kooperation mit Ihrem inneren Schweinehund eingehen. Eine Win-win-Situation, ganz klar. Sie sind nicht ganz so streng zu sich, und er darf hin und wieder die Sau rauslassen.

Wundervolle Momente entstehen, wenn wir das Schöne und Gute, das uns umgibt, ohne vorhergehendes Mangelempfinden wahrnehmen. Einfach so. Es gibt Menschen, die einen Blick für die Kleinigkeiten um sie herum haben. Meine Freundin Sandra hat ein Kind verloren, und ihr Mann starb bei einem Autounfall. Ich kenne niemanden, der so ein schweres Schicksal erlitt wie sie. Doch es ist immer Sandra, die uns auf etwas Schönes aufmerksam macht. Schau mal, dieser Rosenkäfer. Es ist Sandra, die Kuchen mitbringt, und ihre Geschenke sind wie kleine Kunstwerke verpackt. So als wäre Liebe drin. Sandra lacht gern und freut sich, wenn sie ohne Stau wo angekommen ist. Egal, welches Wetter ist, es wird immer schöner, wenn Sandra darüber spricht. Man möchte sofort mit ihr durch den Regen laufen, der eben noch kalt und scheußlich war. Sandra verwandelt ihn. Alles, was sie wahrnimmt, scheint besonders zu sein, und damit öffnet sie mir oft die Augen. Anstatt sich über ihre Überstunden zu beklagen, erzählt

sie von den Geräuschen nachts um zehn im Büro, wenn die Server summen. Es klang wie ein Lied, sagt sie.
Das ganze Leben ist etwas Besonderes, und Menschen wie Sandra sind ein Geschenk, weil sie uns daran erinnern. Es ist nicht selbstverständlich, gesund und satt zu sein. Es ist nicht selbstverständlich, dass alle, die sich verabredet haben, auch gut ankommen. Nichts ist selbstverständlich. Dies wenigstens hin und wieder wahrzunehmen bereichert das Leben. Sandra sieht einfach, was ist. Und sie ist dankbar für jede Sekunde, weil sie zwei schreckliche Verluste erfahren hat.
Es ist leichter, das zu loben, was man hat, wenn man sich nach unten orientiert. Man könnte auch im Krankenhaus liegen. Man könnte nachts um zwei mit Zahnschmerzen aufwachen. Immer kann irgendetwas sein, und allein, dass nichts ist, müsste einen froh stimmen. Ja, theoretisch. Deshalb ist es praktisch gut, sich öfter mal vor Augen zu halten, wie wunderbar das Normale ist. Auch dies ist eine Form von Training. Sodass man sich irgendwann nicht mehr mit anderen vergleichen muss, um sich gut zu fühlen.
Gehen Sie einmal mit offenen Augen durch Ihre Wohnung. Was Sie alles besitzen! Wenden Sie den Blick auch in Ihr Inneres. Auf Ihre Vergangenheit. Was für ein unglaublicher Reichtum dort lagert. Sind Sie sich dessen bewusst? Und wenn Ihnen nichts einfällt, dann beginnen Sie bei den Grundbedürfnissen. Sie verfügen über Nahrungsmittel, Sie haben ein Dach über dem Kopf, Sie können sich ein Buch leisten, ja, Sie können lesen. Das alles sind keine Selbstverständlichkeiten.

Sich daran zu erinnern bringt uns immer wieder auf die Spur des Wesentlichen, das wir so schnell und oft verlieren, obwohl wir das doch ganz bestimmt nicht wollen.

Häkchenwanderung

Und wer sagt denn, dass besser sein zu Zufriedenheit führt? Wer besser wird, kann auch *noch* besser werden. Wozu die Zeit fehlt. Was bleibt, ist das nagende Gefühl, an allen Fronten zu versagen. Man gibt sich selbst eine Vier, ein Ausreichend, manchmal eine Fünf, ein Mangelhaft, manchmal eine Sechs für ein Ungenügend. Aber dieser Notenspiegel ist total veraltet! Es gibt nur noch drei Noten.

4 = 1 Wer etwas heutzutage ausreichend hinbekommt, hat es sehr gut gemacht.

5 = 2 Es gibt zwar einige Mängel, aber im Großen und Ganzen ist die Aufgabe gut bewältigt, mit Mängeln kommt das Auto häufig durch den TÜV.

6 = 3 Könnte besser sein, keine Frage, ist aber im Moment unter den gegebenen Umständen befriedigend. Wir arbeiten dran.

Dies ist kein Notenspiegel für Faule, sondern die Konsequenz aus allem, was Sie bislang gelesen haben.

In vielen Bereichen ist Perfektionismus eine Falle. Es gibt nur wenige, bei denen er wünschenswert ist, bei einem Chirurgen zum Beispiel, wo allein die Eins ein Sehr Gut bleibt. Aber eben auch nur, solange er im OP oder am Krankenbett steht. Man muss von ihm im Privatleben nicht erwarten, dass er die Forelle steril tranchiert.

Nehmen Sie Ihre Vorstellungen vom schönen Leben einmal unter die Lupe. Wie passt das damit zusammen, auch noch perfekt sein zu wollen – und womöglich gleichzeitig ein guter Mensch?
Malen Sie sich realistisch aus, was passieren würde, wenn Ihre »Unprofessionalität« aufflöge. Meistens passiert nämlich gar nichts. Und wenn etwas passiert, dann wird es nie so entsetzlich, wie die Perfektionisten befürchten. Hier wird niemand erhängt, erschossen, ausgelacht. Wahrscheinlich merken die anderen eine kleine Unpässlichkeit, unter der ein Perfektionist qualvoll leidet, gar nicht. Unvergessen ist mir ein Konzert vor einigen Jahren. Die Sängerin hatte eine grandiose Stimme, die Band groovte. Zwischen zwei Songs entschuldigte sich die Sängerin für einen Fehler, den sie gemacht hatte. Einen Fehler, den niemand außer ihr und den Musikern bemerkt hatte. Mit seiner Entlarvung entzog sie der Band die Brillanz. Sie wollte den Fehler wiedergutmachen, stattdessen machte sie ihn so groß, dass der Abend gelaufen war. Hatte man eben noch geglaubt, ein außergewöhnlich gutes Konzert zu hören, war es nun plötzlich nur noch mittelmäßig, weil die Sängerin, augenscheinlich eine Perfektionistin, sich ein Bein gestellt hatte. Hoffentlich hat sie jemand später getröstet. Jemand, der das Eingeständnis ihres Fehlers liebenswert fand – sie ist nun mal bescheiden. Wenn man einen Menschen mag, liebt, dann nimmt man auch seine

Schwächen an. Ja, gerade die. Weil sie ihn unverwechselbar machen. Weil sie das Herz erwärmen, wenn man sich die Zeit gönnt, Empathie zu entfalten. Und so wie Sie Eigenheiten an anderen mögen oder gar lieben, werden auch Ihre Eigenheiten gemocht und geliebt. Denken Sie einmal darüber nach, was Sie an anderen Menschen anzieht. Vielleicht kommen Sie zu dem Schluss, dass es gerade die Dinge sind, die nicht so perfekt laufen. Walther Rathenau bringt das auf den Punkt: »Je vollkommener etwas ist, desto schwerer ist es für uns, es zu lieben.«

Neigen Sie zum Perfektionismus?
Dann

- macht Ihnen das i-Tüpfelchen, das zum Schluss noch fehlt, schwer zu schaffen.
- leben Sie betont leistungsorientiert.
- rechtfertigen Sie sich häufig.
- richten Sie Ihren Adlerblick gern auf Details.
- legen Sie Wert darauf, alles immer ganz besonders gründlich zu erledigen.
- können Sie Aufgaben schwer beenden.
- erwarten Sie von anderen Menschen dieselbe perfektionistische Einstellung.
- lassen Sie sich ungern helfen und haben Schwierigkeiten zu delegieren.
- meiden Sie Situationen, in denen Sie scheitern könnten, weil die Zeit für eine perfekte Vorbereitung fehlt.
- fällt es Ihnen schwer loszulassen.

Mona nimmt einen Auftrag von einem neuen Kunden an und lektoriert einen Sportmodenkatalog. Wie immer liest sie nicht nur den Text Korrektur, sondern vergleicht auch sämtliche Logos und kontrolliert das Layout. Der Kunde wundert sich über die hohe Rechnung: »Sie sollten Korrektur lesen, keinen Katalog überarbeiten.«

Ihre Kollegin Monique macht genau das: Sie liest Korrektur und wird von einem unzufriedenen Kunden am Telefon zurechtgewiesen wegen ihrer »schlampigen Arbeit«.

Und die Moral von der Geschicht': Erkundigen Sie sich *vorher*, wie genau Sie eine bestimmte Aufgabe erledigen sollen. Wichtiger als eine Arbeit perfekt zu machen ist es, die Erwartungen zu erfüllen, und die kennen wir manchmal gar nicht. Deshalb sollte dieser Punkt vorab geklärt sein. Es spart Zeit, wenn wir exakt wissen, was von uns erwartet wird. Meistens ist es viel, viel weniger, als Perfektionisten sich aufladen. Und das sollte man dann auch so akzeptieren und nicht noch immer besser machen wollen – und womöglich scheitern, weil man einen Abgabetermin versäumt, da man noch nicht ganz zufrieden mit einer Arbeitsleistung ist, die die Erwartungen des Auftraggebers bereits übertrifft. Viele Menschen schmecken das Sahnehäubchen, für das der Perfektionist so viel Zeit verbraucht, gar nicht. Sie freuen sich über den Kuchen, der genügt ihnen.

Perfektionismus für die To-be-Liste: Das Pareto-Prinzip

Zwischen Aufwand und Ergebnis besteht, auch wenn viele Menschen das glauben, kein proportionales Verhältnis. 20 Prozent eines Zeitaufwandes führen zu 80 Prozent eines Ergebnisses. Die zusätzliche Zeit, die wir investieren, um das Ergebnis zu 100 Prozent zu erreichen, bringt relativ kleine Verbesserungen im Vergleich zu dem großen Schwung, den wir mit 20 Prozent des Zeitaufwands bereits geschafft haben. Das hat der Ökonom Vilfredo Pareto schon vor hundert Jahren festgestellt.

- ✓ 80 Prozent des Ertrags erreichen wir mit 20 Prozent des Aufwands.
- ✓ 80 Prozent der Wirkung kommen von 20 Prozent der Ursachen.
- ✓ 80 Prozent der Ergebnisse basieren auf 20 Prozent der Anstrengungen.
- ✓ 20 Prozent der Kunden oder Waren bringen 80 Prozent des Umsatzes.
- ✓ 20 Prozent der Zeitung enthalten 80 Prozent der Nachrichten.
- ✓ 20 Prozent der in Meetings verbrachten Zeit bewirken 80 Prozent der gefassten Beschlüsse.
- ✓ 20 Prozent unserer Beziehungen schenken uns 80 Prozent unserer Glücksgefühle.

Deshalb bringt es Häkchen auf der To-be-Liste, wenn wir hin und wieder prozentrechnen, anstatt uns einen Bruch zu heben.

Notfalltipps für perfekte Perfektionisten

- Legen Sie Termine fest und halten Sie diese unbedingt ein. Erinnern Sie sich an das Parkinson'sche Gesetz, das besagt, dass Arbeit sich genau in dem Maß ausdehnt, wie Zeit für ihre Erledigung zur Verfügung steht.
- Verdeutlichen Sie sich, wie perfekt »gut« für Sie sein muss.
- Denken Sie an das Lob zurück, das Sie für Arbeiten erhielten, die Ihrer Meinung nach noch lange nicht perfekt waren.
- Behalten Sie den Überblick. Perfektionisten neigen dazu, sich mit Details zu verzetteln, und dann dauert alles länger als geplant, und auf einmal sieht man den Wald vor lauter Bäumen nicht mehr.
- Seien Sie nett zu sich, und hören Sie auf, sich selbst zu beschimpfen, wenn mal etwas nicht so klappt, wie Sie es geplant haben. Sagen Sie nicht: Das hast du wieder mal verbockt. Sagen Sie: Du hast das so gut gemacht, wie du konntest. Toller Einsatz!
- Wer – abgesehen von Ihnen selbst – erwartet Wunder von Ihnen? Schrauben Sie Ihre Erwartungen auf ein gesundes Maß zurück.
- Vergleichen Sie sich nicht mit anderen.
- Freunden Sie sich damit an, Fehler zu machen. Das gehört zum Menschsein, und aus Fehlern lernen wir.
- Sprechen Sie mit anderen über Ihren Hang zum Perfektionismus, aber kokettieren Sie nicht damit.
- Lernen Sie, Schwächen einzugestehen und andere um Hilfe zu bitten.

- Üben Sie den konstruktiven Umgang mit Kritik.
- Achten Sie auf regelmäßige Auszeiten.
- Erkennen Sie, dass Sie nicht der Maßstab sind und dass Sie die Leute auch glücklich machen können, wenn Sie deren (in Ihren Augen vielleicht geringe) Ansprüche erfüllen.
- Freuen Sie sich darüber, dass Sie zweifeln.

Apropos Zweifel: Zweifel führen zu Fragen und bringen uns weiter. Doch wenn Sie mehr zweifeln als anerkennen, dann stellen Sie sich ständig selbst ein Bein, und das bedeutet: Aufschieberitis. Sie werden niemals gut genug kochen, um die Leute aus dem Feinschmeckerclub einzuladen, niemals gut genug schreiben, um einen Roman zu verfassen, niemals gut genug am Saxofon sein, um in einer Band mitzuspielen. Ja. Reden Sie sich das nur weiter ein. Mit Perfektionismus hat das nichts zu tun. Eher mit der Angst, nicht gut genug zu sein, zu versagen. Wie wär's: Nehmen Sie sich selbst an die Hand, und machen Sie die ersten kleinen Schritte. Irgendwann müssen Sie anfangen. Warum nicht jetzt? Mit dem ersten Kapitel Ihres Romans, der Einladung an den Feinschmeckerclub und einem neuen Selbstwertgefühl. So, wie Sie sind, sind Sie völlig okay. Schön, dass Sie so sind, wie Sie sind. Unverwechselbar und einzigartig, nicht als Perfektionistin, sondern als Mensch mit all Ihren kleinen Schwächen, die Sie ganz groß rauskommen lassen als liebenswerten Zeitgenossen.

Freisprechen

Es ist höchste Zeit für einen Freispruch! Aber wer kann Sie befreien, wenn nicht Sie selbst? Erlauben Sie sich, Mensch zu sein, so verrückt der Satz auch klingt. Legen Sie keinen Maschinenmaßstab an Ihr Leben an! Sprechen Sie sich frei! Nachfolgend liste ich einige Freisprüche auf, vielleicht finden Sie einen, den Sie sich ans Herz legen wollen. Es schadet nichts, die kurzen Sätze einmal laut zu lesen, dann merken Sie gleich, womit Sie sich wohlfühlen. Und wenn Sie vor jedem dieser Sätze einen bewussten Atemzug genießen, dringt der Inhalt auch in den Körper, ins Herz vor:

- Ich genüge.
- Ich mache alles so gut, wie ich eben kann.
- Ich gebe das Beste, was ich zur Verfügung habe.
- Ich lebe, so gut es mir möglich ist.
- Es könnte besser sein, und es genügt.
- Es ist nicht perfekt, und es genügt.
- Ich bin dankbar.
- Danke, danke, danke irgendwohin.
- Ich bin da!

»Du genügst. Es ist gut, was du machst.« Solche Sätze kann man auch zu anderen sagen, anstatt sie zwanghaft zu motivieren, noch mehr aus sich rauszuholen, ihre Ressourcen bis zum letzten Tropfen auszuquetschen, an sich zu glauben, das Beste aus sich zu schürfen. Ja, Sie können auch andere freisprechen.
Ach, das tun Sie bereits?

Ja, wir sind oft deutlich nachsichtiger und netter zu anderen als zu uns selbst. Ob es hilft, sich in manchen Situationen zu siezen, um liebevoller mit sich umzugehen? Das haben Sie gut gemacht. Gnädige Frau, Sie gefallen mir.

Ich mach mir ein Häkchen an den Spiegel, mein persönliches Gesichtsbuch: Du gefällst mir.

WER NICHT GLÜCKLICH LEBT, IST SELBER SCHULD

Während früher vor allem eine Berufsgruppe für das Glück zuständig war, nämlich die Schmiede, müssen wir das heute zusätzlich zum Plastikflaschen-Schreddern und Onlinebanking auch noch abhaken. Glück ist ein Must-have, weil glücklich total in ist und außerdem ein Beweis dafür, dass man perfekt lebt. Denn das perfekte Leben, das ist doch glücklich, oder? Davon abgesehen gibt es keinen Grund, unglücklich zu sein. Man hat alles. Und das, was man nicht hat, hat man sich womöglich selbst ausgesucht. Karma und so. Wachsen an Krisen. Ich bin total glücklich und dankbar für diesen Autounfall. Damit spricht man seine Umwelt schon mal frei davon, sich um einen kümmern zu müssen. Man nimmt das selbst in die Hand, man beschwert sich nicht, man nimmt es an und lässt los. Wie las ich neulich auf einem Sticker: Erleuchtung ist machbar, Herr Nachbar.

Zum Glück gehört es auch, dass man nie gestresst ist. Man ist immer präsent. Wer spirituell *echt weit* ist, der ist bei sich und weiß, dass die Erde nur eine Schule ist. Die Aufgaben, die es zu meistern gilt, stellt sich jeder Mensch selbst. Man sollte sie also positiv annehmen und immer das Beste draus machen, damit man kein neues Pfui-Teufel-Karma anhäuft, sondern es im nächsten Leben besser hat. Womöglich ist es auch gar nicht vorteilhaft, wenn immer alles prima klappt, da könnten die anderen doch auf die Idee kommen, man wäre im

letzten Leben ein Schwein gewesen und hätte sich hochgearbeitet in dieser Reinkarnation zum Abteilungsleiter, womöglich auch Schwein, aber im Anzug. Doch solche Äußerlichkeiten zählen nichts, es geht ausschließlich um die inneren Werte, das Zwischenmenschliche, und da sind wir alle miteinander verbunden. Möchtest du vielleicht noch einen Tee? Den hab ich aus Tibet, der ist mit linksdrehenden Kristallen, weißt du, die Kräuter wurden von einem Mönch, der dem Dalai-Lama einmal höchstpersönlich die Hand gegeben hat, in einer Vollmondnacht geerntet, da steckt wahnsinnig viel kosmische Energie drin.
Ja, das machen die Hopi ja auch. Nur rechtsdrehend.
Das alte Wissen geht niemals verloren. Wir müssen es nur in uns wecken, damit unsere Chakren aktiviert werden.
Ja, ja, so ist es. Ich habe neulich wieder Veihwamos gechannelt. Der hat das auch gesagt.

Wie, Sie haben noch nie Kristalltee getrunken oder von Veihwamos gehört? Da sollen Sie jetzt aber nachsitzen. Das muss man doch wissen als guter Mensch auf dem Weg zur Erleuchtung! Der Mechanismus, der uns so fest im Griff hat, presst uns auch hier, wo wir sie besonders bewusst brauchen würden, die Luft ab. Wir haben das Leistungsprinzip sogar auf die Spiritualität übertragen. Schau nicht zu deinem Nachbarn auf der Yogamatte, sagt die Yogalehrerin, die hart trainiert, um von ihren Schülerinnen nicht übertrumpft zu werden. In liebevollem Ton, mit intensivem Augenkontakt und lang anhal-

tendem Lächeln wetteifern die in Liebe verbundenen Yoginis um das perfekte Asana und achten auf ihre perfekte Yogaatmung, in den Bauch, in die Brust, in die Lungenspitzen.
Nach Meditationsübungen übertreffen sich Teilnehmer in den Erfahrungen, die sie gemacht haben. Erschien der einen nur ein älterer weiser Mann – meistens werden solche inneren Bilder dann für wahr gehalten, so wie auch Träume nicht gedeutet, sondern eins zu eins übernommen werden –, zündet die nächste ein Feuerwerk an Lichterscheinungen, die in der Hierarchie ganz sicher höher standen. Hierarchien sind immer ganz wichtig, denn je höher die Wesen, die durch mich sprechen, desto weiter oben stehe ich selbst, desto reiner bin ich. Was, du sprichst mit Engeln? Ich spreche längst nur noch mit Erzengeln, also den Chefs der Engel. Wer gut lügen kann, ist hier vielleicht im Vorteil. Aber womöglich ist das alles gar nicht gelogen, sondern erfunden und dann für wahr gehalten, später scheinerinnert. Viele selbst ernannte Heilerinnen tummeln sich im Trüben der Wahrscheinlichkeit. Wer heilt, hat recht. Und recht haben sie alle in diesen Kreisen, die mancherorts Zirkel heißen.
Kaum erzählt jemand von einem alltäglichen Problem, wird es ausgedeutet. Ein Erdling erklärt einem anderen Erdling das kosmische Prinzip in Bezug auf die Tatsache, dass dessen Konto im Minus ist. *Hast du einmal über dein Verhältnis zum Geben und Nehmen nachgedacht?* Oder den Grund für eine Trennung. *Er hat dich also verlassen. Die Ursache liegt sicher in eurem frühe-*

ren Leben. Bestimmt hattet ihr schon einmal miteinander zu tun. Wahrscheinlich hast du ihn früher einmal betrogen, und das gleicht er in diesem Leben aus, um dir die Erfahrung zu schenken, hintergangen worden zu sein.

Zuweilen überkommt mich die Lust, dem Wort kosmisch ein »s« zu klauen.

Alle meinen es so gut. Und alle müssen recht haben. Weil sie so verzweifelt nach einem Ausweg aus dieser beschleunigten Welt suchen. Dieses ätherische Pressing findet auch in Kreisen statt, in denen das Atmen achtlos geschieht. Während es bis vor einigen Jahren noch im Trend lag, über Stress zu klagen, wird heute auch von Leuten, die bereits mit vor Hektik kirschroten Gesichtern herumlaufen, beteuert, dass sie ganz entspannt seien. Stress ist nämlich böse. Stress bedeutet, dass man sich nicht richtig durchsetzen kann, sonst hätte man ja mal Stopp gesagt. Entspann dich! Glücklich sein, alles mitnehmen. Das kann ja nicht so schwer sein in unserer westlichen Welt. Bloß blöd, dass man immer wieder vergisst, dankbar zu sein. Dankbar ist voll im Trend. Alle guten Menschen sind dankbar. Und sie haben nie Stress, weil sie alles, was sie tun, gern tun und mit Liebe. Sie arbeiten auch nicht, sie verwirklichen sich. So gehört sich das. Wer Stress hat, ist unten: ein Befehlsempfänger, kein Entscheidungsträger. Wer Stress hat, der hat die Spielregeln nicht kapiert.

Und natürlich sind wir alle wahnsinnig wertschätzend und immer auf Augenhöhe, Win um Win, Euro um Euro.

Neidisch, eifersüchtig oder aggressiv sind nur Versager. Wobei man schon ehrgeizig, zielorientiert und knallhart sein darf. Bloß nicht negativ. Negativ ist ein No-go. Man weiß doch, dass unsere Gefühle von unseren Gedanken gesteuert werden. Wenn wir über jemanden schlecht denken, fällt das sofort auf uns zurück. Deshalb machen wir das einfach nicht, tralalala, was wir aber für uns behalten, wir denken *aus Prinzip* nicht schlecht über andere. Wir behalten alle unsere negativen Gefühle für uns, weil man sich sonst unbeliebt macht. Man will ja auch nicht mit dem negativen Zeugs von anderen belastet werden. *Der Tom ist so negativ drauf, wenn ich den getroffen habe, muss ich danach immer duschen.*

Sogenannte negative Gedanken, hinter denen sich oft nichts anderes verbirgt als eine realistische Befürchtung, eine Sorge oder auch ein gesunder Impuls, etwas nicht zu tun, werden behandelt wie Schmutz, der abgewaschen werden muss – damit man wieder perfekt funktioniert ohne diese Bremse. Aber es ist gefährlich, einen Teil seiner Persönlichkeit auszublenden: Gerade die negativen Gefühle und Gedanken erfüllen eine wichtige Funktion. Sie sind Signale dafür, dass etwas in unserem Leben nicht stimmt. Solche Signale werden übrigens sehr gern in Löchern bearbeitet, die man in die Luft schaut. Oder in Träumen.

Als seelisch gesund wird ein Mensch bezeichnet, wenn seine Gefühle der jeweiligen Situation angemessen sind. Es geht also nicht darum, allen Situationen gleichbleibend positiv zu begegnen und immer optimistisch zu sein, denn das führt zu hohem Stress. Besser ist es, fle-

xibel zu reagieren. Und auch mal für sich selbst mildernde Umstände in Anspruch zu nehmen. Jeder hat mal einen schlechten Tag. Man springt nicht jeden Morgen dynamisch aus dem Bett, um heilige Häkchenrekorde zu brechen. Und man ist auch nicht allein für alles verantwortlich. Diese Last kann niemand stemmen. Und das kann man auch mal laut sagen: Wir sind Menschen, keine Maschinen.
Wir haben ein Recht darauf, nicht zu funktionieren. Es grenzt an Irrsinn, wenn wir glauben, das vertuschen zu müssen: dass wir bloß Menschen sind. Wenn wir vor lauter Angst, überholt zu werden, nicht mal mehr vor Freunden zugeben können, dass wir restlos überfordert sind. Hauptsache funktionieren, Hauptsache up to date rund um die Uhr. Und das alles, ohne dass einem die geringste Anstrengung anzumerken wäre. Denn es besteht doch kein Grund zu Beschwerden. Bleib mal locker.

Wir bemühen uns, hohe und höchste Ansprüche zu erfüllen, und beteuern dann nach einem arbeitsreichen Wochenende: Ich hab eigentlich nur gechillt. Das ganze Wochenende easy going. Ja, so ist das heute. Zum perfekten Leben gehört die perfekte Entspannung. Keine Zeit haben ist ja so was von unsexy!
Und immer gut drauf sein und lächeln. Sich bloß nicht anmerken lassen, dass man am Limit ist. Das kommt überhaupt nicht gut. Öfter mal erwähnen, dass man seine Freizeit genießt. Am Montag im Job von dem entspannten Wochenende erzählen. Das gehört zum Formel-1-Leben dazu, dass man Formel-1-mäßig entspannt.

Effektiv. Effizient. Erfolgreich. Immer mal wieder eine Bemerkung einstreuen, wie dankbar man ist und bewusst. Vielleicht sogar das Wort Demut? Kommt irgendwie gut. Macht einen so sympathisch. Und lächeln. Freitagabend Body Combat. Hoffentlich schnappt mir die blöde Kuh mit dem Pferdeschwanz nicht wieder meinen Platz vorne rechts weg. *Hallo, hallo, na wie geht's, ja, ich freue mich aufs Wochenende. Du, ich hab gar nichts geplant. Ich lass es ruhig angehen.*
Nö, nichts geplant. Nur ungefähr dreitausend Sachen.
Die Kollegen sollen bloß nicht glauben, dass mich der neue Auftrag stresst. Ich geh pünktlich nach Hause, arbeite aber übers Wochenende ein paar Stündchen, dann merkt das keiner.

Neulich habe ich mich selbst ertappt. Ich zähle jetzt nicht auf, was ich alles zu tun hatte, es waren Aufgaben für eine Woche statt für einen Tag. Da rief mich eine Bekannte an, von der ich noch nicht sicher war, ob ich mich mit ihr anfreunden wollte.
Wie geht's?
Gut, sagte ich, aber offenbar in einem Tonfall, der meine Eile verriet.
Hast du Stress?
Nein, nein, wiegelte ich sofort ab. Denn Stress hab ich nie. Und wenn ich noch drei Monate Zeit für zwei Bücher habe. Ich bin kreativ. Da hat man keinen Stress, sondern einzig und allein Freude bei der Arbeit. Was Sie hoffentlich herauslesen. Gemeinsam schaffen wir ein kleines Wunder. Meine To-do-Häkchen landen als To-

be-Häkchen bei Ihnen. Und kommen dann als Bumerang zurück auf meine To-be-Liste. Wie man in den Wald hineinhakt, so häkelt es zurück.

Mensch = Macher?

Wer heutzutage in diesem Land unglücklich ist – bei einem guten Beruf und in guten Verhältnissen lebend –, der macht etwas falsch. Der ist selber schuld, so lautet die einhellige Meinung, die einem landauf, landab von Erfolgsmenschen vorgebetet wird. Glück ist der Begleiter der Tüchtigen. Sie haben alle mal klein angefangen, die Hemdsärmel hochgekrempelt in Hinterhofgaragen, komm, lass uns ein Start-up machen. Und dann bastelten die coolen Jungs an ihren Computern, ihrer Idee, ihren Programmen. Man muss nur dran glauben, richtig dran glauben. Bei wem es nicht klappt, der hat zu wenig dran geglaubt, deswegen musste er dann dran glauben. Aber man kann es ja noch mal versuchen mit Hilfe einschlägiger Ratgeber. Ist ganz einfach.

1. Habe eine Vision.
2. Habe keine Angst vor dem Erfolg. Nur wenn du ihn wirklich willst, kommt er zu dir.
3. Du schaffst es nur durch harte Arbeit.
4. Die dir nichts nützt, wenn du nicht absolut überzeugt von dir bist und ausschließlich positiv dein Ziel visualisierst. Gelbe Post-it's haben sich bewährt. Kleb sie überall drauf und notiere deine Botschaften: Ich bin reich. Ich bin schön. Ich bin glücklich.

Wer es nicht schafft, kann also nicht mit Mitgefühl rechnen, denn er hat es ja selbst verbockt. So tragen wir zusätzlich dazu bei, die soziale Welt abzukühlen, weshalb die Umwelt womöglich immer wärmer werden muss, um eine erträgliche Durchschnittstemperatur zu gewährleisten. Im Machbarkeitswahn distanzieren wir uns von anderen Menschen, die selbst an ihrem Schicksal schuld sind. Deshalb geht uns das auch nichts an, wir müssen uns nicht damit befassen, mit ihrem Leid haben wir nichts zu tun, selbst schuld. Ich lass mich doch nicht von anderen runterziehen, zumal einschlägige Ratgeber empfehlen: Halte dich fern von solchen, die dir keine guten Feelings machen. So richtig menschenfreundlich präsentiert sich diese Einstellung, wenn eine Krankheit ausbricht. Was ja nach Adam Riese nicht sein dürfte. Also nicht bei einem selbst.

Viele Menschen glauben heute tatsächlich, sie hätten ein Recht auf Gesundheit, vor allem, wenn sie doch alles richtig machen. Sie leben gesund und betreiben Seelenhygiene, stolz verkünden sie, wie lange sie schon nicht mehr krank waren, keine Erkältung seit zwei Jahren; und wenn ein anderer erkrankt, dann hat er etwas falsch gemacht. Vielleicht schickt man ihm per Post einen Ratgeber, man will sich ja nicht anstecken: *Ändere dich oder stirb.* Und das alles in bester Absicht, ohne den Druck zu bemerken, den man da aufbaut.

Heutzutage sind zahlreiche Menschen davon überzeugt, dass chronisch Kranke verantwortlich für ihre Krankheit sind. Die haben falsch gelebt, irgendwo nicht hinsehen wollen, das sind alles verdrängte Konflikte. Dass

der Patient zwanzig Jahre in einer Firma gearbeitet hat, wo ein Teppich mit giftigem Klebstoff unter seinem Schreibtisch lag, wird genau unter diesen gekehrt. Wer kennt sich schon mit Umweltgiften aus. Mit Kosmos und Karma kennen sich viele aus. Natürlich wollen sie nur helfen. Aber es steht zu bezweifeln, ob einem Menschen, der eine Krebsdiagnose erhalten hat, damit geholfen ist, wenn er sich von angeblich wohlwollenden Freunden anhören muss, dass er in seiner Vergangenheit, die er ja nicht ändern kann, alles falsch gemacht hat. Und ob noch eine Zukunft vor ihm liegt, in der er diese Fehler ausbügeln könnte, ist ungewiss.
Es ist nicht nur größenwahnsinnig, sondern schlicht und einfach herzlos, wenn man Menschen, denen etwas zugestoßen ist, die Hilfe benötigen, für ihr Schicksal verantwortlich macht. Die Erklärung für dieses Verhalten liegt wohl darin, dass die Welt zu groß, zu komplex geworden ist und Angst macht. Sobald es keinen Gott mehr gibt, der das Ganze programmiert, muss der Mensch selbst ran. Wer an Gott glaubt, kann auf einen höheren Sinn hoffen, auch wenn der sich im Moment nicht erschließt. Wer nicht an Gott glaubt, muss mit dem Saustall selber zurechtkommen. Was sehr schwer ist.
Es gibt übrigens auch die Möglichkeit, sich denen, die Hilfe bedürfen, ganz besonders zuzuwenden. Andere Menschen also nicht so zu behandeln, wie wir Computer behandeln, nicht zu erwarten, dass sie immer funktionieren, damit sie uns nicht aufhalten, damit wir auch selbst immer besser und schneller funktionieren. Doch dieser Weg kostet Zeit. Und Mut kostet er auch.

BOXENSTOPP: MUT ZUR LÜCKE

Weil alle so wahnsinnig glücklich sind, spürt es keiner richtig und sucht ständig weiter nach dem Glück, das ihm womöglich aus der Jackentasche gefallen ist. Staubig liegt es am Straßenrand, man müsste sich bücken und es sauber rubbeln, aber wenn man immer nur nach oben schaut, wird das nichts.

Glück ist außerdem ja heute keine große Sache mehr, Glück ist völlig normal, wobei Glück allein gar nicht reicht. Man ist *sooo* glücklich oder *wahnsinnig* glücklich, was aber, wenn Sie es laut lesen, viel weniger Glück ausdrückt als ein schlichtes: Ich bin glücklich.

Wenn ich an die Glücksmomente in meinem Leben denke, weiß ich gar nicht, ob ich ständig glücklich sein möchte. Das ist immer gleich so bedeutungsvoll. Oder ist es das nur im Nachhinein, wenn ich merke, dass ich glücklich war? Ich tendiere im Moment zur Zufriedenheit. Ich weiß, dass nur alte Leute, die zufällig gerade kaum Schmerzen haben, sagen, sie seien zufrieden. Aber in der Zufriedenheit steckt der Frieden. Wenn ich mit mir und meiner Umwelt im Einklang bin, fühle ich mich zufrieden. Und das erleichtert mich. Ich muss nicht ständig glücklich sein. Und ich muss auch nicht alle Gläser, die rumstehen, als halb voll bezeichnen. Ich darf mal etwas ungerecht, schlecht, bescheuert finden. Ich muss nicht immer eine Antwort haben. Und schon gar nicht muss ich das Karma dafür bemühen, wenn ich mir Kaffee über den weißen Pulli gekippt habe. Ich muss meinen Kopf nicht immer oben tragen, weil das Leben

weitergeht, es geht auch weiter, wenn ich ihn mal senke. Nein, ich muss nicht rund um die Uhr irrsinnig glücklich sein.
»Zufrieden« reicht, vor allem, weil sich »glücklich« mittlerweile auf die To-do-Liste geschlichen hat. Sei glücklich, los, unternimm was. Zufrieden darf ich auch auf meiner To-be-Liste sein, was womöglich in der Summe zu einem glücklichen Leben führt. Und das muss nicht gechillt sein oder relaxt oder präsent. Ich muss nicht *total* erholt oder *extrem* entspannt sein. Das sind keine Wortschöpfungen von mir. So was sagen manche Leute: Entspannt bis zum Anschlag. Mir würde gemütlich schon reichen. Darin steckt Gemüt.

Mensch = Seiender!

Buddhisten sagen, dass der ganze Stress vor allem vom Anhaften kommt. Indem wir uns an etwas binden, versklaven wir uns. Das, was wir festhalten, möchten wir bewahren. Wenn es weg ist, tut es weh. Also wäre es besser, nichts festzuhalten, nicht anzuhaften, damit auch nichts wehtut, und den leidvollen Kreislauf des Werden und Vergehens zu unterbrechen. Ich hänge trotzdem an den Menschen, die ich mag und liebe, ich hafte an vielem an, und wenn es mir auffällt, wird mir oft auch bewusst, wie zerbrechlich diese Verbindungen sind.
Es gibt aber auch manche Menschen oder Dinge, die würde ich gern loslassen. Oder sie einfach annehmen, so wie sie sind, ohne dass die Gedankenpolizei aktiv

werden müsste. Ich habe den Eindruck, dass es älteren Menschen oft leichter fällt, etwas anzunehmen. Vielleicht, weil sie schon so viel erlebt haben? Unvergessen ist mir ein Auftritt von Loki Schmidt, der mittlerweile verstorbenen Ehefrau des Ex-Kanzlers Helmut Schmidt. Angesprochen auf ihre zahlreichen Fehlgeburten, erwiderte sie etwas wie: »Ja, das war so.« Der Interviewer bohrte nach, weil man heutzutage immer nachbohrt – man will Gefühle, nackte, pure Gefühle, und wer sie nicht zeigt, wer sie uns nicht gibt, nicht gönnt, der gilt als hartherzig. Alles muss raus, sonst ist es verdrängt, und man kriegt Krebs. Loki Schmidt, über neunzig, zog an ihrer Zigarette und sagte: »Es war schlimm, aber so war es.« Was hätte es sonst auch zu sagen gegeben? Sie hat es hingenommen und irgendwann wohl auch losgelassen.

So war es. So ist es, und Punkt.

Das ist ein kleiner Zauberspruch, der uns sehr entlasten kann, weil er Druck ablässt. Wir müssen im Nachhinein nichts verändern, keine Schuldigen suchen. Wir legen es ab. *So war es. So ist es. Und Punkt.* Und deshalb müssen wir auch nicht ständig über Dinge nachdenken, die vorbei sind oder auf die wir keinen Einfluss haben. *So war es, so ist es, und Punkt.* Allein mit dieser Entscheidung gewinnen wir viel Zeit für Schönes. Für uns. Für das Jetzt. Wir leben so häufig in der Vergangenheit oder in der Zukunft und klagen darüber, zu wenig Zeit zu haben. Wir denken darüber nach, was wir hätten tun sollen, was wir tun werden, was gewesen ist, was sein soll, was noch kommen wird und dass wir noch Milch kaufen müssen. Und spüren nichts. Uns nicht, die Welt um uns herum nicht, andere Menschen nicht, und hören tun wir vielleicht auch nichts, weil wir uns verstöpselt haben und nach unten starren in digitale Galaxien.

Spür doch mal!

Jetzt bist du da. Dies ist ein Augenblick. Ein kostbarer, einzigartiger, der niemals wiederkommen wird. Kriegst du das mit? Wenn man nur selten Augenblicke bewusst erlebt, erinnert man sich später auch nicht mehr an diese Augenblicke, die es dann ja gar nicht gegeben hat, weil man sie verpasst hat im Davor und Danach. Und sie sind nicht nachzuholen. Vorbei ist vorbei.

Ich war zirka vier Jahre alt, als mir dieses Dilemma bewusst wurde. Meine Mutter hatte staubgesaugt, und ich durfte den Stecker aus der Dose ziehen und auf den Knopf drücken, damit die Schlange in den Korpus zischte. Ich zog den Stecker raus. Schaute ihn an wie ein Studienobjekt. Vielleicht schlug die Kirchturmuhr, die wir bei offenen Fenstern hören konnten? Vielleicht gab es aber auch keinen Anlass. Ich weiß nicht, warum mir in diesem Moment bewusst wurde, dass dieser Moment nun für alle Zeiten und unwiederbringlich verloren war. Es war ein Schmerz, der mir ins Herz fuhr wie ein Stromschlag. Ich steckte den Stecker erneut in die Dose. Vielleicht biss ich mir dabei auf die Unterlippe, oder meine Hände zitterten – ich vollführte die Bewegungen in der Konzentration einer heiligen Handlung. Ich wollte es genauso machen wie beim ersten Mal. Doch obwohl ich es genauso machte, wusste ich mit einer überwältigenden Gewissheit, dass es mir nicht ge-

lingen konnte, weil der Moment ein neuer war. Es war eine Wiederholung, und jede Wiederholung, die ich nun trotzdem versuchte, machte mich trauriger, verzweifelt fast.
Bis mich der Ruf meiner Mutter unterbrach: »Was treibst du?« Kinder und Steckdose, Gefahr im Verzug! Ich hätte ihr gern mitgeteilt, dass ich eine Gefahr erkannt hatte, die viel größer war als diejenige, die von der bösen Steckdose ausging, doch ich konnte das Große, das mir begegnet war, nicht benennen, es war mehr eine Ahnung, ein Gefühl, ich hatte keine Worte für die … Vergänglichkeit, den wilden Schmerz des Lebens.
Also, was bleibt uns dann – außer Augenblicke zu sammeln, da zu sein, wo wir sind? Jetzt. Ob in der überfüllten U-Bahn, am Arbeitsplatz oder beim Herdputzen. Es braucht keine Meditationsmusik, keine Kerzen und kein Duftöl für den Augenblick. Jetzt ist überall, wo wir sind, so lange wir da sind.

FORMEL 0

ES GIBT NUR EIN MUSS: DIE MUSSE

Kapitel für Kapitel haben Sie die Formel 1 abgefahren und sind nun über einige Boxenstopps in der Formel 0 gelandet. Vielleicht mal durchschnaufen? Ja, es sind nur noch wenige Seiten bis zum Ende des Buches, aber Sie müssen es nicht heute zu Ende lesen, wegschaffen.
Wie wäre es, ein wenig zu verweilen, mit Muße? Muße ist ein altes Wort, nur noch wenige Leute benutzen es, für manche klingt es nach Müssen, andere verwechseln es mit der Muse. Dabei bedeutet Muße doch bloß: sich selbst ein Geschenk machen. Muße meint Freizeit, aber nicht Faulsein. Zeit, um sich den schönen Dingen des Lebens zuzuwenden. Muße ist die gefühlte Freizeit. Im Zustand der Muße besucht uns auch die Muse gern, wir überlassen uns dem Fließen innerer Bilder, Gefühle steigen auf, Einsichten wachsen. Muße entspannt und erquickt. Muße ist aller Lüste Anfang! Und auf einmal hat man eine richtig gute Idee: Vielleicht liegt das ganze Problem mit der schrumpfenden Zeit und der beschleunigten Welt an der Fragestellung. Vielleicht fragten Sie bisher: Wie komme ich weiter, wie werde ich schneller, wie verdiene ich mehr Geld, wie erhalte ich mehr Anerkennung?
Wie wäre es, bei anstehenden Entscheidungen ein Augenmerk auf ein paar andere Fragen zu richten:

Lässt mir das genug Zeit für mich?
Brauche ich dieses Geld wirklich?

Bin ich dann mit Menschen zusammen, an denen mir liegt?
Steht es im Einklang mit dem, wie ich leben möchte?

Wenn Sie nun noch täglich ein, zwei, sieben Löcher in die Luft schauen, haben Sie alles Nötige getan, um Ihre Online-Verbindung zu sich selbst zu stärken. Sie brauchen für die Löcher keinen Himmel. Wo auch immer Sie sind, können Sie ein Loch in die Luft schauen. In ein Tetrapack, Schaumbad, einen Aktenkoffer, Handrücken, den Computerbildschirm, Asphalt. Löcher in die Luft zu schauen fördert Kreativität und Konzentration. Scheinbar klinken wir uns aus, doch in Wirklichkeit holen wir Anlauf für einen Sprung. Das Paradoxe ist, dass wir diesen allerdings nicht beabsichtigen dürfen. Es ist auch eine Frage des Vertrauens. Aber wem sollten Sie vertrauen, wenn nicht sich selbst?
Es gibt zwei Arten von Löchern in der Luft. Einmal sogenannte Luftblasen, die Sie bestücken können, wie Sie möchten – mit Ihren eigenen Bildern, Sounds, Gedanken, Filmen. Ihr Formel-0-Ei-Pad sozusagen, ein Überraschungsei. Da können Sie hochladen und ansehen und anhören, was gerade wichtig für Sie ist. In der Imagination drückt sich die Seele aus mit ihren Sehnsüchten, Wünschen und Ängsten und zeigt uns häufig kreative Lösungsansätze. Manchmal gibt es aber gar keine Lösung, ein Erlebnis wird wiederholt, um es danach endgültig ablegen zu können. So wie Menschen, die Tagebuch führen, beim Aufschreiben Ereignisse verarbeiten.

Imagination hat seltsamerweise keinen guten Ruf. Vielerorts wird sie als Tagträumerei herabgesetzt. Doch zahlreiche große Ideen begannen als Tagtraum, ja die Vision ist die Voraussetzung für ihre Verwirklichung. Alle Vorstellungen, die Löcher, die wir in die Luft schauen, werden von Emotionen begleitet. Indem wir unsere Vorstellungen verändern, können wir auch die damit verbundenen Stimmungen verändern. Und wenn Sie jetzt glauben, dass Sie nicht dafür geeignet sind, täuschen Sie sich. Die Zeit, die wir täglich bewusst erleben, ist deutlich geringer als diejenige, die wir unbewusst vor uns hindümpeln. Manche Fachleute meinen, wir verbringen fast den ganzen Tag in Trance. Andere sprechen von der Hälfte der Zeit, in der wir in uns selbst spazieren gehen, Selbstgespräche führen, vor uns hinträumen, mit Leuten reden, die nicht anwesend sind, Erinnerungen betrachten und Zukunft imaginieren, die auch anders sein könnte. Hin und wieder, aber stets absichtslos, materialisiert sich in solchen Träumereien ein Geistesblitz. Es gibt viele Geschichten von Wissenschaftlern, die nicht im Labor zu bahnbrechenden Erkenntnissen kamen, sondern im Schlaf, beim Spiel mit ihren Kindern, beim Spazierengehen und Beobachten von irgendetwas. Heureka!

Sicher können Tagträume Fluchten sein, aber sie sind genauso wichtig wie Zähneputzen, sie dienen der Seelenhygiene. Und es liegt an uns, welche Tagträume wir kreieren. So können Sie sich durchaus einen oder zwei auswählen, die Sie öfter mal anschauen, weil sie Ihnen gute Gefühle geben. Diese können aus einer Erinnerung bestehen, dem Anblick eines lieben Menschen, egal, was es ist. Es ist ein Bild, das Ihnen Kraft gibt und Sie mit dem Mittelpunkt Ihrer Welt verbindet. Sie sind online. Sie sind da. Was Ihnen wiederum dabei hilft, sich nicht so leicht umhauen zu lassen vom Orkan der Hetze und dem Hagelschlag der Aufgaben, die auf Sie einprasseln. Und wenn jemand Sie fragt, ob Sie dies oder jenes für ihn tun, fällt es Ihnen leichter, ihm diese Bitte freundlich abzuschlagen. Sie haben eine bessere Idee, wie Sie Ihre Zeit verbringen können. Wenn Ihnen der Trubel zu viel wird, verschwinden Sie durch ein Schlupfloch, Ihre Hintertür oder gehen auch mal vorne raus. Sie lassen sich nicht aus dem Gleichgewicht bringen von der Flut der Beschleunigung mit all ihren To-dos.

Löcher in der Luft sind wie eine Kraftbouillon: Sie aktivieren Ressourcen. Der Himmel kann zu einem riesengroßen Adventskalender werden, das ganze Jahr über. Welches Türchen mach ich heute auf? So bemisst sich die Qualität eines Tages nicht nur an dem, was man geleistet hat, sondern auch daran, wie oft man den Zeit-Raum im Dazwischen besucht hat. Wie viele Löcher habe ich heute in die Luft geschaut? Wie oft habe ich mich ausgeklinkt? Was habe ich Schönes wahrgenommen? War ich mal im Jetzt? Habe ich die Umarmung beim Abschied gespürt, oder war sie nur ein Muskelreflex?

An der Kasse bei Tengelmann wird man gefragt: Sammeln Sie Herzen? Nein, ich sammle Häkchen. To-be-Häkchen.

Viele Menschen blicken zum Himmel, wenn sie an ihre lieben Verstorbenen denken. Angenommen, dort oben stehen die, die wir vermissen, an Fenstern und schauen runter. Wohlwollend. Liebevoll. Wann immer wir ihre Unterstützung benötigen und hinaufschauen …
Da ist sie ja. Meine Oma. Gütig schaut sie zu mir herunter, und ich spüre, dass sie auf mich aufpasst. Und wann immer ich mir unsicher bin, schaue ich ein Loch in die Luft da oben, und dann weiß ich, wo es langgeht.
Der große Romancier Marcel Proust (1871–1922) hat nicht absichtlich in die Luft geschaut, um seine Oma zu finden, die er Großmutter nannte. Er hat ein Stück Gebäck in seine Teetasse getunkt, und aus diesem Geschmack auf der Zunge stiegen seine Kindheit und Jugend, sein ganzes Leben auf, an die er sich in seinem Buch *Auf der Suche nach der verlorenen Zeit* mehrere tausend Seiten lang erinnerte. Dazu hat er viele Jahre seines Lebens gebraucht, asthmakrank im Bett liegend, das er kaum mehr verlassen hat. Wozu auch? Er hatte sich die Welt in sein Zimmer geholt. Die Erinnerung war sein Leben. Ich bin sicher, dass sie ihn beglückt hat.
Doch um uns zu erinnern, müssen wir unsere Erlebnisse bewusst wahrnehmen. Jeden Tag ein paar Löcher in die Luft, manchmal nur Augenblicke. Das allein bildet schon Seelenspeck aus. Wenn ein Tag voller Hektik an einem vorbeirast, ist er schon in der nächsten Woche vergessen. War da was? Aber dass ich mir einen Fetzen Zuckerwatte aus der Regenwolke riss, das weiß ich heute noch. Augenblicke, in denen ich im Jetzt bin, prägen sich mir ein, wenn auch erst danach, sobald ich wieder

auftauche. Da war doch was! Im nächsten Kapitel habe ich einige Anregungen für Sie zusammengestellt, wie Sie dorthin gelangen, wo Sie sind. So sammeln Sie keine Löcher, sondern Augenblicke. Jeden Tag ein paar Wimpernschläge, nur für Sie. Ihre To-be-Liste wird rosige Wangen bekommen!

Von der Notwendigkeit, Zeit zu verschwenden

Zum Glück gibt es Notausgänge, manchmal sogar recht viele: Türen, Schlupflöcher, Gucklöcher, Lichtungen, Pforten, Geheimgänge, Auslässe, Schächte. Mindestens zwei sind immer vorhanden, durch die Sie schlüpfen können, wenn Sie sich aus dem ganz normalen Wahnsinn ausklinken wollen. Entweder Sie richten Ihre Sinne auf die Außenwelt, auf das, was gerade ist, wo Sie fünf Welten der Gegenwart entdecken können: Sehen, Hören, Tasten, Riechen, Schmecken. Oder Sie blicken nach innen, in die Gefühlswelt, die Sie in die Vergangenheit und Zukunft geleitet. Sind Sie im ersten Raum geblieben, indem Sie Ihre Sinne auf die Außenwelt richten, steigen Sie in keine Zeitmaschine in die Vergangenheit oder Zukunft, sondern bleiben im Jetzt. Dies alles aber stets nur für Sekundenbruchteile, denn in unserem Kopf klickt es schneller hin und her, als wir es mit dem Finger auf der Maus bewerkstelligen könnten. Außenwelt, Innenwelt, Vergangenheit, Gegenwart, Zukunft, kunterbunt im Kreis zischen die Gedanken. Mit der einzigen Eigenschaft, die Sie aus der Formel 1 hier

wirklich brauchen können – Disziplin –, öffnet sich das Portal.
Sie haben bis hierhin gelesen. Sie haben sich die Passwörter für den Sesam verdient. Alle nachfolgenden Codes führen Sie ins Jetzt, zu sich selbst – eine wunderbare Startbahn für all das, was Sie tun und lassen wollen. Fünf Sinne für acht Wahrnehmungen zur 8samkeit, und Fluchten dorthin, wo es am schönsten ist, dorthin, wo Sie sind. Was wir mit unseren Sinnen wahrnehmen, ist immer jetzt. Wie sitze ich? Spüre ich meinen Po im Sessel und den Rücken an der Lehne, die Füße auf dem Boden? Wann immer Sie sich auf Ihren Körper, eine Körperstelle konzentrieren, steigen Sie in die Gondel ins Jetzt.
Und wann immer Sie etwas tun. Einen Apfel essen, den Spiegel polieren, Beeren brocken, Zähne putzen – was gibt es eigentlich Spannenderes, als genau dies zu tun? Und nicht abzuschweifen. Es ist ein Abenteuer. Gelingt mal zwei, drei Sekunden. Und in denen merkt man es womöglich gar nicht, erst danach. Ich *war* im Jetzt. Ja! Und jetzt sind Sie es schon wieder. Ja! Jetzt ist da, wo Sie sind. Je mehr Sie da sind, desto mehr Jetzt. Je mehr Jetzt, desto mehr Lebensgefühl. Und deshalb können Sie mit diesen Sekunden und Minuten keine Zeit verschwenden, sondern nur gewinnen.

Der Sesam-Code

Sie stehen im Empfangsbereich Ihres Zeit-Raums. Wenn Sie hineinwollen, sollten Sie die Rädchen langsam drehen. Wer zu schnell ist, dem hilft auch ein Code nichts.

Wer flach atmet, kommt ebenfalls nicht weiter. Jeder Panzerknacker weiß: Erst atmen, dann öffnen. Konzentrieren Sie sich stets nur auf einen Ihrer fünf Sinne. Alles auf einmal heißt übersehen, überhören, überschmecken, überriechen, überfühlen. Überdruss.

Sehen

Was ist? Was ist wirklich da? Um Sie herum? Sie sind Augen. Sonst nichts. Sie sehen. Mehr nicht.
Vielleicht morgens beim Aufwachen. Schauen. Das Fenster, ein Baum, ein Stück Himmel, der Vorhang, die Lampe. Einfach nur betrachten, ohne zu bewerten – Abenteuer. Eine Blickspur legen in einen Tag der 8samkeit.
Und später draußen, egal wo: betrachten, was da ist. Eine Sekunde zerfällt in Bruchteile, Bruchteile sind wie Blicke, lange Blicke, kurze Blicke, verweilen. Atmen und schauen, ohne darüber nachzudenken. Bloß schauen. Betrachten und da sein.

Hören

Und welche Geräusche sind da? Sie sind überall, aber wir hören sie selten, weil wir die Welt meistens über unsere Augen aufnehmen. Wenn wir die Augen schließen, werden die Geräusche lauter. Eine eigene Welt ersteht. Hörwelt. Horchen Sie mal!

Tasten

Etwas anfassen, was da ist. Immer da ist. Aber haben Sie es wirklich schon einmal bewusst berührt? Den Löffel. Die Tasse. Den Apfel in der Hand. Ein Innehalten an der Computertastatur. So fühlt sie sich an. Täglich wird auf den Tasten herumgehakt, aber betastet ist sie neu, wie nie berührt. Alles wird neu im Berühren. Weil im bewussten Berühren innere Berührung wohnt.

Riechen

Es riecht überall, auch wenn viele Menschen nur die starken Gerüche wahrnehmen. Wie also riecht es überall? Nasse Mäntel in der U-Bahn. Kühle Morgenluft. Der schwere Abendgeruch nach einem langen Sommertag. Küchenaroma. Was liegt da in der Luft? Nehmen Sie mal ein Näschen!
Übrigens entsteht der Geschmack unseres Essens zu 90 Prozent aus Gerüchen und nur zu 10 Prozent über die Geschmacksnerven der Zunge. Ja, nehmen Sie ein Näschen oder zwei, und lernen Sie riechen, bevor Sie essen.

Schmecken

Und wie schmeckt das, was Sie essen? Dreißig Mal kauen und runter. Nichts geschmeckt, aber gut gemacht, weil gesund?
Dieses Ding im Mund. Kann auch tasten, drehen, legt sich die Nahrung, ohne die wir nicht leben könnten, zurecht. Wie fühlt sich das an? Ein Mensch verfügt etwa über zweitausend bis fünftausend Geschmacksknospen. Knospen! Die können alle erblühen.

Innenshow

Wie fühlen Sie sich in Ihrem Körper? Was nehmen Sie wahr? Sind Sie entspannt oder angespannt? Schon wenn Sie sich kurz auf eine beliebige Körperstelle konzentrieren, sind Sie im Jetzt. Die Temperatur auf der Haut. Eine Stuhllehne im Rücken. Füße auf dem Boden. Ihre Hände halten ein Buch, Wind im Gesicht.

Innenkino
Welcher Film läuft zur Zeit in Ihrem persönlichen Kino? Passt die Löcherpolizei gut auf, dass Sie in keinen offenen Gully stürzen?

Innenohr
Welches Hörspiel läuft? Welcher Ohrwurm dudelt da in der inneren Hitparade rauf und unter? Auch Ohrwürmer können in Gewahrsam genommen werden, wenn sie Ihnen nicht guttun. Sie sind die Programmdirektorin.

Alle Ihre Wahrnehmungen wachsen zusammen zu Ihrem persönlichen Wohnwagen, den Sie wie ein Schneckenhaus immer dabeihaben, egal wo Sie sind. Ja, ein Schneckenhaus hätte eine hübschere Form, mögen Ästheten einwenden. Aber für ein Schneckenhaus sind Sie, sind wir … noch immer viel zu schnell.

Gebrauchsanleitung für Ihre To-be-Liste

Das Leben ist keine To-do-Liste, und daran können wir uns erinnern mit unserer persönlichen To-be-Liste. Basteln Sie gern? Wie könnte Ihre To-be-Liste aussehen? Ein Plakat an der Eingangstür, damit Sie nicht vergessen, draußen Häkchen zu sammeln. Merkzettel: Schlüssel, Geldbeutel und die To-be-Liste. Ein blauer Wattebausch für den Blick in den Himmel, ein Smiley als Passwort für den Sesam, eine auf den Kopf gestellte Uhr, damit Sie nicht hetzen, die Kaffeetasse, die an Pausen erinnert … wie sehen Ihre Symbole aus, die Sie auf einen Karton kleben oder malen können? Und wie hören sie sich an? Manche Leute nehmen sich eine akustische To-be-Liste auf. Mit Vogelzwitschern, ihren Lieblingsliedern, bei denen sie entspannen, dem Lachen ihrer Kinder oder dem Schnurren einer Katze. Alles To-be-Geräusche, denn Häkchen kann man nicht nur sehen, man kann sie auch hören und fühlen: Da gibt es eine Creme, Schleichwerbung ist verboten, die hat das Be schon im Namen, ein Doppel-Be sogar – und das ist jede wohlige Körperpflege. Und warum nicht ein bisschen schlampig sein und die Tu-be Zahnpasta als To-be ansprechen und Zähne putzen im Jetzt. Wer keine Fragen gestellt bekommen möchte, kann To-be auch Tobi nennen. Und den in den Kalender schreiben. Treffen mit Tobi, heute drei Mal. Auch ein Klingelton auf dem Handy, der berühmte Beatles-Song »Let it be« erinnert Sie an Ihre Häkchen. Warum nicht täglich mehrmals anspielen? Ich habe ein Rendezvous mit mir selbst.

Sie können auch konkret formulieren, was Sie alles Schönes tun werden. Weil Sie Zeit haben. Weil Sie sich ernst nehmen. Weil Sie es sich wert sind. Aber bitte nicht unbedingt schriftlich. Wir haben doch alle schon so oft Listen verfasst und Notizzettel geschrieben. Die To-be-Liste ist lieber eine gebastelte, vertonte, eine zum Anfassen. Weil sie uns berührt. Häkchen für Häkchen. Und jeden Tag gibt es unzählige Gelegenheiten, ganz da zu sein, sich selbst zu spüren. So könnte sich das anfühlen:

Es gibt nur ein Muss: die Muße

Ich bin morgens nicht gleich aus dem Bett gesprungen, als der Wecker klingelte, sondern noch eine kleine Weile liegen geblieben. Ich habe gemerkt, dass ich gedanklich schon losrenne in den Tag, und es geschafft, mich zurückzuholen in den Morgen. Regen schlug an die Fensterscheiben. Ich habe mich nicht geärgert – ich mag eigentlich keinen Regen –, sondern zugehört. Nicht lange, ein paar Augenblicke. Und weil ich hinhörte, wurde es besser. Ich habe den Regen nicht verurteilt, ich habe ihn hingenommen. Auf dem Weg ins Bad habe ich meine Fußsohlen auf dem Boden gespürt. Unter der Dusche kam der Regen wieder, und er klang verschieden, je nachdem, ob er auf den Boden der Duschkabine oder an die Seitenwände prasselte. Ich habe die Wassertropfen beobachtet, das hat gar nicht lange gedauert, nichts von all dem hat lange gedauert, ich habe einfach nur hingeschaut und wahrgenommen. Und so habe ich weitergemacht in der Küche beim Frühstück. Ich habe ausnahmsweise kein Radio eingeschaltet, sondern das Schaben des Messers gehört und mein Schlucken. Und gespürt, wie der Kaffee durch meine Kehle rinnt. In der Bahn habe ich aus dem Fenster geschaut und mich einmal darauf konzentriert, wie mein Körper diese Fahrt ausbalanciert. Als ich im Büro war, hatte ich das Gefühl, bereits wahnsinnig viel erlebt zu haben. Dabei war alles wie immer. Nein, es war nicht wie immer. Ich hatte den Autopiloten ausgeschaltet, zumindest sekundenweise. Ich bin mir sicher, ich hätte noch viele andere Überraschungen entdecken können. Aber ich kann ja morgen weiterhäkeln an meinem schönen neuen Leben. Oder auch jetzt gleich.
Und das können Sie auch.

DEM REGEN ZUHÖREN.

SPÜREN,
DASS ICH AM LEBEN BIN.

ZEIT FÜR MICH.

MIT DEM RAD
ZUR ARBEIT.

EINEN DICKEN
ROMAN IN
DREI TAGEN LESEN.

MIR EIN STÜCK KUCHEN
MIT ALLEN SINNEN
EINVERLEIBEN.

DIE ALTEN PLATTEN HÖREN.

EINE VIERTELSTUNDE
IN DIE WOLKEN SCHAUEN.

MIT DEM HUND GASSI
GEHEN, OHNE WATT
ZU APPEN.

MICH NICHT AUFREGEN,
WENN ICH IRGENDWO
WARTEN MUSS.

ÖFTER LÄCHELN.

LEICHTER LEBEN.
SCHÖNER LEBEN.
GLÜCKLICH SEIN.

MEHR ICH SEIN.

MEINE TO-BE-LISTE

MIR JEDEN TAG EIN BISSCHEN ZEIT FÜR MICH NEHMEN.
KRAFT TANKEN.

EINFACH MAL NICHTS TUN.

MORGENS NOCH NICHT WISSEN, WAS ICH TAGSÜBER MACHEN WERDE.

DAS STÄNDIGE FUNKTIONIEREN INS FUNKLOCH WERFEN.

FORMEL ∞

Ich klappe das Buch zu.
Und jetzt?
Ist ein Loch.
Sieht aus wie ein Durchbruch.
Ich bin da.
Jetzt ist jetzt.

ZUR INSPIRATION, ZUM NACH- UND WEITERLESEN

Verena Kast: *Seele braucht Zeit.* Freiburg 2013

Stefan Klein: *Zeit. Der Stoff, aus dem das Leben ist.* Frankfurt am Main 2008

Robert Levine: *Eine Landkarte der Zeit. Wie Kulturen mit Zeit umgehen.* München 1999

Ursula Nuber: *Iss dein Eis, bevor es schmilzt.* München 2012

Florian Opitz: *Speed. Auf der Suche nach der verlorenen Zeit.* München 2012

Marcel Proust: *Auf der Suche nach der verlorenen Zeit.* Frankfurt am Main 2000

Hartmut Rosa: *Beschleunigung. Die Veränderung der Zeitstrukturen in der Moderne.* Frankfurt am Main 2005

Alex Rühle: *Ohne Netz.* Stuttgart 2010

Herrad Schenk: *Glück und Schicksal. Wie planbar ist unser Leben.* München 2001

Ulrich Schnabel: *Muße. Vom Glück des Nichtstuns.* München 2010

Barry Schwartz: *Anleitung zur Unzufriedenheit.* Berlin 2011

Shirley Seul: *Goodbye Liebchen.* München 2006

Shirley Seul: *Zeitmanagement für Faule.* München 2011